MRS.GLOBE

环球夫人

爱心　智慧　美丽　成就

MRS.GLOBE
环球夫人

我们是环球夫人

MRS.GLOBE

第一季

《我们是环球夫人》系列丛书编委会——编著

长江出版传媒 | 长江文艺出版社

目录

CONTENTS

目录

CONTENTS

《我们是环球夫人》第一季

MRS.GLOBE 环球夫人项目品牌源自创立于 1996 年的环球夫人大赛，24 年来，依托环球夫人大赛，品牌在全球的影响力日益扩大，同时，伴随环球夫人在公益慈善领域日积月累的影响，以及在女性文化交流方面逐渐凸显的作用，“MRS. GLOBE 环球夫人”已经从最初的环球夫人大赛拓展为专属于已婚女性的国际顶级文化项目品牌。

环球夫人以“爱心、智慧、美丽、成就”为宗旨，以“慈善 · 公益”为核心，为全球已婚女性提供展现自我又服务于社会的全新平台，支持和帮助妇女享有出彩的人生。举办至今，环球夫人足迹遍布全球 100 多个国家和地区，共计 100 多万夫人参与其中。随着中国经济的崛起，夫人热潮的带动，2013 年，中国首次担任环球夫人大赛的举办国，通过在中国成功举办赛事并开展持续有效的公益活动，环球夫人品牌在中国获得极高的知名度和美誉度。

本书为“环球夫人”公开发行的官方系列丛书的第一季，通过对往届参加环球夫人大赛的优秀夫人代表的呈现，展示现代女性内外兼修、“美爱同行”的优良品格，进而带动更多女性在家庭、事业、生活中不断成长、努力绽放，共同为社会和谐、世界和平做出积极的贡献。

MRS.GLOBE
环球夫人

MRS.GLOBE

MRS.GLOBE
THE WORLD LEADER PAGEAN
December 1- December 12, 2016, Beijing , Chir
Anna Li

MRS.GLOBE
环球夫人

善谋一时之事者，因时而动，勉力而为，尽善尽美；

善谋一世之势者，随心而动，张弛自如，逍遥洒脱。

她，温婉又干练、灵动而从容。她是在全世界已婚女性中颇有影响力的环球夫人大赛的掌舵人，是第一位华人环球夫人，是拥有二十几岁女儿的漂亮妈妈，是高级经济师，是投资人，是将中国当代女性风采推向全世界的人。她既谋事，也谋势，她玉成盛事，推举典范，高扬女性自立自强，撒播至善与大爱，造女性奉献社会、成就人间大美之势。

她是李昀轩，环球夫人大赛全球执行主席。

这是位第一眼便会让人惊艳的女人。她明眸善睐，皓齿动人，眉目优雅、纤腰盈盈；不说话时，静若处子，举手投足处都透着优雅；聊起天来，天南海北，嬉笑怒骂皆成文章。她能做到二者的完美结合，她就是李昀轩。

巾帼亦有豪情志

李昀轩

MRS.GLOBE

一
真性情造就人生大戏

如果真有上天，李昀轩一定是被上天特别眷顾的一位。

从小到大，最能完整概括她的词汇可能只有“优秀”。她的优秀，融合了荆楚之人的胆识和聪慧，果敢与进取。很多优秀的人在谈及创业史时，往往悲壮厚重，但李昀轩的创业史，却似“轻舟已过万重山”般闲庭信步。

出生在湖北省监利县的李昀轩，小时候的梦想是成为爱迪生一样的发明家。她想发明一种建筑材料，解决湖北冬天冷、夏天热的问题。具体说来，就是要利用这种材料，把夏天的热量贮存起来，留到冬天释放，这样冬天就不会那么冷，节能又环保。

于是，她在大学读的是化学工程专业，主要学习高分子材料技术。如果她一直做自己的专业，中国可能多了一位材料工程专家。但大四时的工厂实践让她有些失望——设备老旧、工作单调，干的事和发明创造根本没什么关系。

李昀轩最终选择放弃了自己的专业，放弃了成为发明家的梦想，报考了华中师范大学经济专业，并取得了经济学硕士学位，进入某国有大型银行省分行信贷部，成为一名金融工作者。

李昀轩的工作是和钱打交道，这不意味着她有特殊的赚钱门路，遵纪守法，是对金融工作者的基本要求。彼时正值二十世纪八九十年代之交，全国都在进行国有企业股份制改革，国有企业发行原始股，准备完成上市。但因为是新鲜事物，当时的老百姓都在犹疑观望，不少企业原始股配额指标竟然都无法完成。

李昀轩胆大心细，觉得这件事能行，就向朋友、同学七拼八凑地借了些钱，买了些原始股，上市赚了钱后就出手，之后继续买原始股。就这样，几番下来，到了九十年代中期，李昀轩已完成了资本的原始积累。中国古代重视天时地利人和，其实就是现在所说的机遇，李昀轩把握住了机遇，光明正大地拥有了财富。

古人云："读万卷书不如行万里路"，为了开拓视野、提升自我，她在2000年辞掉了原来的工作，只身前往国外。在那里，她先读书，后创业，从事过医药、文化和金融贸易等工作，还与犹太朋友一起投资了连锁牙医诊所，经营得红红火火。在此期间，她游历了近百个国家，际遇与人生，在沿途的风景中日渐丰满。

"事业很顺，我的人生效率很高。在很短的时间里，我做了很多人做不到的事。"

李昀轩记得，当自己还是银行小职员的时候，曾经与领导一同出差，年少单纯的她"狂言"自己将来要在外国街道上开跑车兜风，当时领导以为是笑谈，还善意地打了个赌。谁想到，李昀轩很快就胜了赌约。

如果说李昀轩之前的事业有运气成分，显然，我们低估了她的战略眼光和卓越才能。

作为环球夫人赛事的全球执行主席，"要想把爱和美的环球夫人理念传达给更多人，首先就要找到那些有影响力的女人，因为她们的社会地位、个人魅力、活动能力都很强，她们更容易接受新事物，能带动更多人"。

于是，李昀轩首先就去寻找那些有影响力的女人。方式很简单，设立分赛区，由当地的知名夫人去组织赛事，聚拢优秀的种子选手。就这样，环球夫人大赛迅速聚集起了一群才德出众、事业成功的夫人，她们成了这项事业的义务组织者和宣传员，使得赛事雪球越滚越大，影响越来越强。“这就是环球夫人赛事成长很快的原因。”

李昀轩就是这种说做就做的性格，她从不隐晦她的目标，更不会拐弯抹角，这和她柔美的外表反差很大。这种风格，使她从不怕竞争，甚至渴望竞争。

她从小到大都喜欢参加各种比赛，这些赛事给了她锻炼自我的平台，更让她拥有了强大的自信。小时候，她们学校组织国际象棋比赛，她之前没学过，解决问题的方式就是她请人教了一个星期，然后现学现用去比赛，居然能拿到冠军。此情此景，我们只能评价：聪颖有之，勇气更有之。

至于其他体育项目比赛，自不在话下。直到大学那会儿，李昀轩还是班里的运动健将，什么跳高、跳远、铅球、长跑、短跑，她都很在行，获奖更是家常便饭。

求知若饥，虚心若愚，凡事勉力而为，尽善尽美，这是对生命的最大尊重。李昀轩并非有上天眷顾，而是她精诚所至，金石为开，这是事业女性实现自我、奉献社会的基本修为，堪称楷模。

二
我就是那道光，照亮他人

环球夫人大赛，创办于 1996 年，在 2011 年之前，没有一位华人女性摘得过环球夫人桂冠，李昀轩完成了此项突破。

以“爱心、智慧、美丽、成就”为宗旨的环球夫人大赛，是以慈善公益为核心的女性风采展示平台，它为全球已婚女性提供了展示自我并服务于社会的机会，举办至今，已有 100 多个国家和地区的 100 多万名夫人参与其中。

2011 年 8 月，李昀轩参加了大赛，并获得全球民选冠军，这令赛事组委会对温婉谦和的东方女性刮目相看，从李昀轩身上，他们领略了新东方女性的坚韧、自强、智慧。

“我没想过那么多，最初就是玩的心态，当时参赛佳丽都很优秀，没承想自己拿了大奖。”

李昀轩就是有“虽千万人，吾往矣”的洒脱和气魄。

通过参赛，她发现这是非常好的展示女性美的平台，中国的万千女性，也需要这样的展示机会。于是，2013 年，环球夫人大赛正式走入中国，通过全球执行主席李昀轩的不断推广和创新，赛事在中国乃至全球的影响力不断提升。

“参加环球夫人大赛之前，我所思考的全是我个人，学生时代想着考高分，做投资人我就要选项目，做公益慈善，我之前也是尽一己之力，像印尼海啸、汶川地震等我都捐过款，甚至捐完之后连证书都不要。这个大赛增强了我的社会责任感，我意识到，不仅仅要完善自己，还要引领其他女性成为内外兼修的女性。”

从古至今，女性在中国，是厚德载物的大地，是善利万物的弱水，是生养万物的母性，这是中国人对自然万物的洞察，有着质朴真实的情感寄托。然而，千百年来，束缚在女性身上的三从四德、主内持家、贞节烈女等，也如影随形。

李昀轩希望通过环球夫人大赛，使更多人意识到，善良、智慧和美丽——这些更多具有女性色彩的特征——能够改变世界，而她一个人是不够的，需要更多人加入进来，共同倡导和推动。

“某个赛事如果能成为经典，一要有实力，二要有造血功能。”将复杂问题简单化，抓住关键，一向是李昀轩的超强能力：通过大赛发掘出优秀的女性来做表率，带动全世界女性变得更好，她正身体力行。

李昀轩的精神也时刻感动着其他夫人，她仿佛是一擎熊熊燃烧的火炬，散发光芒，照亮别人。

她记得，2013 年深圳赛区，有一位 80 岁高龄的参赛夫人。最开始，大家就担心老人家的身体状况跟不上，因为每天的训练日程特别紧张，平均只能睡四五个小时，但是她一直很认真地和其他夫人们准备，丝毫不需要特殊照顾，用她自己的话说：看到别人那么努力，自己不能停下来。可到了比赛的前一天晚上，老人家可能是因为长时间劳累，心脏病复发了，被送去了医院，所有人都为她捏着汗。即便如此，第二天，她在医院检查没有问题的情况下又返回来和大家一起训练，在场人无不动容。

“让自己活得精彩，再晚都不为过。”她改变自己，活出真我，这是对环球夫

人赛事理念的最好诠释。

李昀轩因为环球夫人能如此深入人心而欣慰，但她也深知，做公益，仅仅靠环球夫人的努力还远远不够，于是，她将环球夫人品牌做了顶层设计，品牌旗下包括三大版块：公益版块、赛事及文化交流活动版块、商业和产业链版块。

未来，环球夫人品牌将向更多领域延伸，创造的财富将会更多支持公益事业，李昀轩的战略眼光再一次尽显无余，难怪有人这样评价李昀轩：懂金融的时尚专家是个好主席。

纵使事业繁荣，可李昀轩却初心不变，“每位女性背后都有自己的故事，都有人生梦想，希望环球夫人的平台可以给这些追梦人实现梦想的机会。”她相信，一棵树能摇动另一棵树，一朵云会召唤另一朵云，一个灵魂可以唤醒另一个灵魂。

三
善美同行，完美女人

环球夫人赛事，从表面上看，是夫人们外在形象、才艺能力的比拼，但事实上，赛事更注重的是参赛女性与环球夫人精神的契合度，注重的是她们的示范效应。

“我们推崇的是一种广义上的美，是一种外在和内在相互结合的美。花开是美，花落是美，而且，这种美必须以善为前提，因为没有善，就不会有其他任何品质。”进入中国以来，每一届环球夫人赛事尽管主题会有一定差异，但是美与善一直被坚守。

环球夫人的美，以个体为起点，以全人类为终点，恰如中国古代儒家提出的“修身、齐家、治国、平天下”的思想，它所追求的不仅是个人品质的完善，更提倡每个人都奉献出爱，成就人间大美。

将环球夫人赛事带到中国这些年，李昀轩坚守公益追求，她和夫人们捐款捐物，关爱弱势人群，不断提升奉献社会的能力。

至今，北京四季青敬老院的一些老人还记得这群能歌善舞、热情开朗的夫人们。当时正值冬日，天寒地冻，但这没有阻挡夫人们关爱老人的脚步。台上，歌舞戏曲轮番呈现，掌声阵阵；台下，她们和老人们拉家常，笑声朗朗，而环球夫人组委会特意为老人们准备的礼物更让老人们爱不释手。老人们像待自己的孩子一样关心、叮嘱、祝福，夫人们更是收获满满的感动与温暖。

“和老人们一起度过那么愉快又难忘的时光，我们收获得更多，感恩！”李昀轩同样记忆深刻。

除了扎扎实实地做慈善，李昀轩更是推动环球夫人赛事在国际妇女组织中的影响力，从 2016 年起，赛事与联合国妇女署达成深度合作，每年共同举办慈善晚宴，所筹善款用于联合国妇女署遍及全球的妇女儿童项目中。因为她卓有成效的工作，李昀轩已连续三年获得联合国妇女署颁发的特殊贡献奖，实至名归。

在事业中，她全力以赴，尽善尽美；在家里，她温柔善良，是好女儿、好母亲。事业再忙，她也不忘陪伴老人。母亲现今已经 80 多岁，为方便照顾母亲，她特意将老人接到身边，尽心尽孝。做可口饭菜、洗脚按摩、和母亲闲话家常，点点滴滴在李昀轩看来都无比珍贵，这是一家人在一起的温情时光。工作之余，她陪母亲走遍祖国的秀美山川，尽享人生美好。

有什么样的母亲，就会有什么样的女儿。李昀轩的善举，也深深地影响了女儿。尽管家境优渥，但女儿丝毫没有“公主病”，自己能做的事一定不给别人添麻烦。“独立自主，乐于助人。”李昀轩如此评价女儿。

梁晓声曾经聊过何为文化，他总结道：文化是“根植于内心的修养；无须提醒的自觉；以约束为前提的自由；为别人着想的善良。”在培养女儿的过程中，李昀轩很好地印证了文化的含义。

将美与善推己及人，这是从小我走向大我的过程，不仅独善其身，更要美美与共，这是中国古代最理想的社会状态——大同世界。这也契合了中国所倡导的“人

类命运共同体”的宏大主题，环球夫人的历史使命，就是为努力实现“人类命运共同体”的宏伟蓝图做出积极的贡献。

在李昀轩看来，“环球夫人大赛就像自己的女儿一样”。她珍视这项事业，在完全不需要这么拼的年纪义无反顾，为的就是通过环球夫人平台，培育和打造更多的已婚女性成为内外兼修、具有爱心与责任感的新时代女性，同时，也向全世界展示中国已婚女性的美丽与魅力、自信与才华。

近代先哲冯友兰曾经把人生境界分为四种，其中最高境界是天地境界。能获得这种境界的人，一定有独与天地精神往来的大人格、大智慧，而身为女性的李昀轩，她献身女性发展事业，专注慈善与公益，化诗意的女人为改变世界的动力。她所拥有的就是天地境界，她的事业终将为历史牢记。

MRS.GLOBE
环球夫人

《红楼梦》中，贾宝玉曾说："女人是水做的。"《道德经》有云："上善若水，水善利万物而不争。"女人若水，不逞润物之功，不争芳春之色。这是女人的谦卑涵养、是无声大爱。这也是龚华所遵循的人生信念。

龚华，环球夫人中国赛区决赛冠军，全球总决赛亚军；联合国妇女署"促进性别平等与女性经济赋权"杰出贡献奖获得者。她的故事，有如徐徐展开的古代画卷，近观存景，远观皆境，自不言说，却有万千精彩。

MRS.GLOBE

芳容丽质，秋水精神

龚华

一
关于生活，关于爱情

清晨八点，阳光微暖，从落地窗照入客厅。茶桌前，龚华跽坐于蒲团之上，将一壶热水缓缓倒入茶壶，茶叶随水浮沉，渐渐舒展，待茶叶出色后，她又将其倒入白色小杯之中，瓷器的白将茶色衬出，热气蜿蜒而上，茶香悠悠，让人心旷神怡。茶艺本就是中华文化中最为优雅的艺术之一，泡茶之人也多是温婉沉静的性子。此刻的龚华身着一袭绿色长裙，容颜姣好，眉目温柔，仿若自江南水乡翩翩而来。

作为“环球夫人”中国赛区的总冠军，龚华说话时语气温柔，给人如沐春风之感。但是龚华的一天并非只有泡茶种花的风雅之事，若是没有工作安排，那么在临近中午的时候，她会现身于搏击房内，褪去长裙，换上运动衣，束起长发，出拳利落，英姿飒爽。日暮黄昏时分，她则会在武汉二桥上慢跑，每当看着长江滚滚向东而去之时；看见万家灯火点亮整个城市之时，龚华都会感受到这座城市的美好，所谓的大江大湖大武汉，理当如是。

龚华很爱这个养育了她的城市，她在这里获得了生命，获得了知识和财富，也遇到了要和她相伴一生的人。说起丈夫，龚华的表情之中难掩骄傲。

“我觉得在我的生活之中，我先生应该算是我精神上的一个引路人。”龚华开始回忆起她和丈夫的初识。

龚华在武汉大学读 EMBA 时，可谓是才貌双全，追求她的人自然不少，身家不菲者有之，俊朗潇洒者亦有之。只是对于龚华而言，外表从来不是她判断人的标准，她想要的是一个懂她、能够触动她心灵的人，然而那些追求她的人都没有给她这样的感觉。好在龚华并不着急，宁缺毋滥，她从来都不是一个会勉强自己之人，所谓得之我幸，不得我命，她不强求也不将就，只坚持着自己的原则。

后来，在同学的介绍下，她认识了当时学校里的一位老师。初次见面的时候，他并不富裕，在送她回家的时候，他的代步工具也只是一辆电动车而已。然而这个男人身上却充满着自信，不卑不亢，正是这一点让龚华对他产生了好感。

在之后的接触中，龚华发现这个不善言辞的男人其实将大部分的热情都奉献给了他的学术研究。他的才识使龚华对他充满了敬佩，也打动了她的心。于是，当这个男人拿出所有积蓄买下一枚戒指向她求婚时，她毫不犹豫地答应了。

“我先生的业余爱好是篮球裁判，这些年他一直都在坚持着，如今，他成了中国篮球裁判界的权威。一个人对自己的梦想可以几十年如一日地坚持并且去实现它，这是很让人佩服的。”龚华在夸奖丈夫时毫不吝啬，满眼满心都是自豪，“可能是我自己内心比较缺乏这种坚持吧，所以我就特别看重它。”

结婚之后，龚华的事业蒸蒸日上，孩子也幸福降生，家庭美满。在家庭和事业之间，她向来分寸得体，秉持中庸之道，二者兼顾。于公司，她是一位能力卓越的领导者；于家庭，她是一位完美的妻子、母亲。所谓的女强人，并不是性格强势不让人，而是如夏日荷叶，在烈日之下可亭亭玉立；在狂风暴雨之中可折腰倾水，不被摧毁，进退有度。

参加环球夫人大赛，家人的支持和陪伴是她最大的动力之一，她从其他夫人身上见证到善与美，从自己的家人身上感受到了爱。每一次晋级，他们都比龚华自己还要开心。也正是因为这样的支持和爱，才让龚华一路披荆斩棘，拿下了环球夫人全球总决赛中国赛区冠军、全球亚军的殊荣。

家庭的幸福永远都是人世间最温暖的部分，让人安心，让人眷恋。

二
初心不忘，扬帆竞流

天将破晓时，许多人已经奔波在上班的路上，似乎永远都很忙碌，但大部分人其实并不知道自己究竟想要什么，未来在哪里。不过总有些人活得清醒，一直坚持着最初的信念，砥砺前行。

此刻，龚华站在桥上眺望远方，似乎又看到了自己年少时的模样。

那一年，她大学毕业，顺利考上了公务员，拿到了大多数人眼里的“铁饭碗”，也成为周围邻居眼里的“榜样”。上班之后，龚华开始过着朝九晚五、三点一线的生活，日子平淡得有些乏味。

“我才二十多岁，我的未来难道就是这种一眼望到头了吗？我要的生活真的是这样的吗？”

这些问题一直在龚华的心中萦绕不去，她也在思考答案。

小时候，外婆曾握着她的手，在白色宣纸上落下第一笔，墨色微晕，黑白分明。外婆说人生便如书法，要想好了再落笔。那时她虽不理解，但还是记住了这话。

后来长大了一些，龚华进了母亲教书的学校，本以为在学校母亲会多庇护自己，谁知那几年母亲从未给过她任何特殊待遇——在学校里，母亲对她和对别的学生没有任何不同。小龚华也曾问过母亲为什么这样，母亲的回答只有一句话——爹有娘有，不如己有。外婆和母亲的教导和观念让龚华树立起了一种自强自立的价值观。

也正是这种价值观让龚华很难适应体制内的枯燥生活，世界很大，总要出去走一走才行。

在清楚自己想要的是什么之后，她毅然决然地离开了单位，跳出自己的舒适圈，打开了另一个世界。

“创业”两个字，写起来不过区区十数笔，然而做起来远没有那么容易，无数人在这条路上走过，迷茫、艰难、痛苦……这些情绪所有人都经历过，龚华也不例外。

最初创业的时候满腔热情，再多的麻烦她都能处理、解决，公司运营也还算理想。可少年心性岁岁长，随着时间的推移，公司越做越大，面对的事情也越来越多，机遇和风险从来都是并存的。在公司运营出现问题的时候，在和各个合作方周旋的时候，她也曾想过放弃。

不过，一次偶然的机会，她听到了一个故事，是关于台湾诚品书店的创办人吴清友的。在书店连续亏本十一年的情况下，吴清友依旧坚持营业，只为实现自己的理想。吴清友对事业的这份坚守让龚华感动，也让她参透了一些企业管理的真谛。不认输也不认命的她，就靠着这股信念咬牙撑了下来，度过了最艰难的时期。

老天未曾亏待过聪明又勤奋的人。在三十岁之前，龚华为自己积累到了足够的物质财富，她的美丽和聪慧也让她成为商业同行口中的佳话。曾经，那些在她放弃

MRS
MRS. MAURITIUS
2015
亚军

公务员时笑她傻、笑她心比天高的人无不对她刮目相看，欣羡不已。

可龚华还是龚华，她从未因商场上的成功而沾沾自喜，也不可能因一时之风光而驻足。她自幼接触中国古典文化，深知跬步之功、蚁穴之危。她不在意别人如何评价，做好自己的事便安心，而且，当家庭条件优渥、衣食无忧之后，她更关心如何去帮助别人，回报社会。

龚华希望自己的一生可如兰花一般，在平凡中彰显美。在了解到环球夫人大赛的创办理念是想借助力量来传播慈善与公益后，她参加了比赛，并且拔得头筹，成为中国赛区的总冠军。比赛结束后，她也和许多慈善机构签约合作，尽全力去帮助别人，将自己的理念分享给其他人。

志于道，据于德，依于仁，游于艺。这十二个字是龚华对自己生活的总结，也是她毕生的坚持。

三
美人在骨
更在心

龚华的家里，悬挂着一幅画。画上的女子一袭红衣，手持书卷，眉目间恬淡温婉，正是龚华。

此画，为享誉中外的写实派画家冷军 2015 年所绘，名曰《红衣女子》。

冷军在为龚华创作这幅画时，龚华还没有参加环球夫人大赛，他只是在和她闲聊之时，觉得她身上有着一种独特的气质，大约便是“腹有诗书气自华”吧。冷军心念一动，提议为龚华绘制一幅肖像画，龚华欣然接受，两人一拍即合。

之后，冷军和龚华还有过合作，两人在对美的追求上都有着一致的看法，那便是用美传播自己心中所想。日常生活中，龚华还有不少这样的艺术家好友，他们偶尔小聚，三两杯清茶，一场闲谈，也是风雅。

龚华不止一次说过，三十岁之后，她希望可以传播大美。在她的人生中，外婆、父母、丈夫以及孩子都给了她很多的爱，让她感受到世间的美好，如今，她希望可以通过美的力量将这些爱传播出去。选美大赛结束后，她也确实是身体力行。湖北省红十字公益大使、湖北省“文明旅游公益大使”和长江流域“江豚保护爱心大使”、联合国妇女署“促进性别平等与女性经济赋权”杰出贡献奖……这些头衔、名誉虽是身外之物，但也是龚华为慈善付出的见证。

龚华做的慈善并非只是参加某个慈善晚会，或者从众捐款，之后不闻不问。她做慈善是真正投入了金钱、时间以及感情的。

无论是代言“夫人瓷”还是宣传“华夫人”，龚华都为其付出了很多心血，耗时耗力地拍摄宣传片、广告图，出席宴会、活动……这些事情对于普通人来说，可谓是难忘的经历了，但对龚华来说却并非如此，让她印象深刻的是一位百岁老人。

那是一个很平常的下午，没有狂风暴雨，也没有大雪塞路，龚华驾车驶入崎岖的山路，车子走到再也没有大路的地方停下，她只能步行到达那位贫苦老人的家里。老人无儿无女，老伴在几年前就走了。龚华在崎岖的小路上慢慢走着，心里一直盘算着到底该如何帮到老人，却又不伤害老人的自尊。一路上，龚华设想了许多场景，在心里一遍又一遍地演练着。

然而，让她惊讶的是，房屋并没有想象中的那么破败。房子旧却不破，地上没有明显尘土，屋子里除了一年四季都散不开的潮湿霉味，仔细一嗅，还有隐隐浮现的花香。龚华鼻翼微微翕动，很快辨别出来，是栀子花的味道。

“一路来辛苦了吧。”老人面色和蔼，指了指桌上的茶碗，道：“这是刚沏的茶，茶碗都是洗过的。”

龚华连忙一迭声地道谢，她一喝便知这不是什么好茶，但对于老人来说，应该是用来招待客人的最好的东西了。龚华心里有些犯难，之前在路上打的草稿都不太适合。思索再三，龚华开了口：“老人家，我们带了些东西来看望您。”

“谢谢你们来看我，我老了，你们还费这么大力气看我，其实不需要。社会上还有很多比我更需要照顾的人。”老人笑着，口齿有些含糊，但还是能听清楚，“多读一些书，保持健康的身体，保持一颗宁静的心。”

话语朴实简单，却又是意义深远，当它从一位百岁老人口中说出，给人的震撼是极大的。龚华觉得这一刻心里的弦被触动了，长者的赠言让她更加坚定自己的想法，坚持公益，尽自己的微薄之力去帮助一些人。

这么多年，龚华的公益脚步行走于山乡、田野、江边、街道。事实证明，公益给她带来的远比金钱、物质给她带来的有价值、有意义，她也在公益之中完成了自我灵魂的生长和对生命的感恩。

穷则独善其身，达则兼济天下。龚华的魅力随着心灵升华越发显现，她曾坚定地说道：“慈善将是我一生的事业。”这是她深思熟虑的宣言。她美的不仅是皮囊，吸引人的不仅是气质，还有那颗兢兢业业投身慈善事业的心，美人在骨更在心，不外如是。

环球夫人
2015 第十九届
环球夫人大赛
MRS.GLOBE
中国总决赛
季军

一间画室，好一间画室！

竹林通幽，翠色可人。庭院里，山石做伴，锦鲤畅游，院子虽然不大，但打理得井然有序，惹人欢喜。堂屋古朴，依山而居，山水竹浑然一体，别开生面。屋内，厚重宽敞的画案上，笔墨纸砚间，花鸟灵动。上等沉香轻烟缭绕，一盏清茶茗香悠然，这便是杨丹梅创作的地方。

钢筋水泥的丛林中，于此小小的世外桃源，得浮生半日之闲，会二三好友，是多少人的梦想，而在杨丹梅看来，这小小的画室，不仅是自己作画之所，更希望通过它，将中国传统文化的精神气质展现出来，“对中华文化的传承，我们每个人都能做点儿什么。”

MRS.GLOBE

结庐人境，画意人生

杨丹梅

一

水墨丹青

杨丹梅的父亲是中学语文教师，母亲在美术厂工作，也许是因为家庭熏陶，也许是天资使然，从小，她的艺术天分就远高于常人，长大后，她读的是艺术专业，在这条路上乐而不返。

“我和艺术的缘分是天生的。”即便是成婚嫁人，她依然走进了“艺术爱好者”的家庭——公公爱好收藏古董字画等物。这让杨丹梅有更多的机会接触艺术，而她，也从没放弃过自己的主业：画画。

对于绘画，最初接触的时候，小丹梅只觉得有趣，简简单单的几根线条，随意排列组合便能成为一个有趣的物象。稚子单纯，对任何趣事都有几分好奇，丹梅便是带着这几分好奇走进了丹青世界。一支笔、一张白纸、几色颜料陪伴她走过懵懂无知的孩提时代，走过天真烂漫的青春年少，走到现在的成熟稳重、风雅韵味。

“我喜欢画画，在创作时我会全身心都投入画中，四周寂静，只剩画笔划过纸面的声音，似乎天地间就只剩我和画了。”说到画画这件事，杨丹梅夫人神采飞扬，

双眼放光，满是热爱之情。在她看来，人间有风花雪月，四季变更，时光难在，世事难料，无人可以掌握。但画中世界并非如此，她手执画笔，酝四时景，溶墨生松香，描翠微、画海棠，笔走灵韵扬，心中所思所想通过笔尖跃然纸上，两三笔便勾勒出一个理想王国。

画画之人大多借笔端抒发情感，生活中反而安静寡言。丹梅却是个例外，她生性活泼，爱笑爱闹，和朋友相聚时，她总是笑声爽朗，眉眼弯弯，所谓“静如处子，动如脱兔”，大约便是她这个样子。因为有这样的性子，所以她总是愿意多为别人做一些事情，“我小时候学画画是为了自己，长大后我希望我的画也可以帮到别人。”

抱着这样的想法，丹梅开始尝试各种风格的绘画创作，怒放的牡丹花国色天香；小桥流水人家相映成趣；冬日的梅花傲雪凌霜……丹梅带着自己精心完成的作品，参加各种慈善晚会拍卖，拍卖所得她悉数交给公益机构，希望可以让那些处于困境之人得到一些帮助。

二
踏歌逐梦

杨丹梅是在偶然之间注意到环球夫人大赛的，最初，她只是被大赛所面向的参赛群体为已婚妇女这一点吸引。看着宣传片中一位位妆容精致、礼服精美、举手投足间优雅从容的夫人，杨丹梅心动不已。少女时期，她也曾偷偷幻想过自己站在华丽的舞台上，在镁光灯下，成为万众瞩目的焦点，后来年岁渐长，阅历增加，这个梦便被藏在了心底深处，虽然不会和人谈论，但仍旧存在。

环球夫人大赛无疑重新开启了她的梦，“去试试吧，就当去玩了。”丹梅给了自己一个说法，也确实抱着这样的心态去报了名。接到参赛邀请后，她满心欢喜地和先生分享这个消息，可是工科出身的先生并不能理解她的想法。

“这个比赛是不是太抛头露面了啊？老婆，咱们也不是小年轻了，别掺和这种事儿了吧？”丈夫说得比较委婉。结婚多年，他们之间几乎是没有矛盾的，所以即便丈夫不理解，也还是没有采取强硬态度。

大禹治水，在疏不在堵，杨丹梅很明白这一点。她不急着和丈夫争辩，只是把自己收集到的关于环球夫人大赛的资料慢慢发给丈夫看，和他分享自己一些想法。在杨丹梅如此潜移默化的影响下，先生对她参赛这件事的态度也从轻微抵触转变成了全力支持。

“老婆，我觉得你比赛的时候穿这件礼服肯定特别好看。”

“老婆，下周要比赛了，你别忘了啊！”

……

但凡是和“环球夫人”有关的事情，先生都会帮她记着，事无巨细。后来丹梅都忍不住调侃道：“这不知道内情的人怕是会以为参赛的是你了。”

调侃归调侃，杨丹梅心里还是有一丝紧张的，毕竟其他参赛的夫人都是多才多艺的，唱歌跳舞，信手拈来；而自己在表演上没有什么特长，只会画画而已。

那时的她，觉得在舞台上以绘画为才艺展示给众人观看是很难实现的一件事，毕竟耗时耗力，现场观众未必就有耐心等她。还好，组委会非常恰当地给她设计了表演形式，自己的才艺得到完美呈现，而她，拿下了中国总决赛的季军，满是欢喜与感动。颁奖嘉宾宣布结果的时候，镁光灯聚焦在她身上，台下掌声响起，少女时

期的梦想终于实现，万丈荣光加身，终是不虚此行。

“这个比赛真的带给我太多的收获，我不仅圆了梦，而且还结识到许多朋友，她们每个人都很优秀，有很多值得我学习的地方。”“环球夫人”不仅仅是一次比赛，更是难得的交流平台，“我现在还会和当时一起参赛的姐妹们联系，大家说说自己的孩子、互通下信息，吐吐槽，挺好的。虽然天南海北难常聚，但也有种天涯若比邻的感觉。”

除了友谊，环球夫人大赛还给杨丹梅的事业提供了帮助。大赛上，她的画作惊艳四方，从那之后，杨丹梅收到的画展邀约更多了，她也陆续参加了几次。每个画展的风格都不一样，画家们将自己对世界的理解融入画中，以画和人沟通，非行家不能懂。杨丹梅喜欢从画中窥得画者心境，有时虽不能证实自己猜测对否，但品画的过程其乐无穷；再者，她以画家身份去欣赏别人画作时，自己也能学到很多技巧和画法，以此来充实自己。

在参加完环球夫人大赛之后的一年时间里，她几乎都是这样给自己“充电”——四处走走，看看画展，结交一些志同道合的朋友，闲暇时大家一起品茗雅聚，交流

各自的绘画心得。而她当然也笔耕不辍，渐渐也小有名气，获得了不少荣誉，积累颇多。

无论是在生活中还是在事业上，杨丹梅都深刻感受到了“环球夫人”给她带来的改变，这些改变让她更加自信，使她不断地完善自我，谈吐举止也优于从前。她觉得自己应该把这份改变传递给家乡的人，让已为人妇的姐妹都有这样一个机会去改变自己的人生，于是她做出一个决定——将环球夫人大赛引进广西。

杨丹梅是个行动派，只要有想法就会去实践。为了实现自己的目标，她收集了更多与环球夫人大赛有关的资料，和之前结识的大赛主办方求取经验，跑政府、递材料……功夫不负有心人，在一番奔波后，她终于申请到了环球夫人大赛广西地区的主办权，2019 年，还被环球夫人大赛组委会推举为顺德赛区荣誉主席。

“作为过来人，我会继续担当‘环球夫人’的使命，发挥爱与热的能量，时刻提醒自己，以有爱、精致优雅的姿态对待人生，引领更多的优秀夫人加入这个平台。我希望可以和大家一起创造美、发现美、传递美。”丹梅如是说道。

三 寻道路长

《离骚》有云：路漫漫其修远兮，吾将上下而求索。每个人自来到这世上起，都在寻找自己的“道”，并为之奋斗以证明自己的价值，杨丹梅亦是如此。她钟情于画，寄情于笔，画下世间美色。中华文化所孕育出的国画意境深远，她希望有更多人可以接触到国画、了解中华文化，所以她选择自己创业，开设公司，实现传播推广中华文化的心愿。

2014 年的某个凌晨，窗外夜色深沉，墙上挂钟的时针正处于数字“3”和“4”中间，杨丹梅抬头看了一眼外面，万家灯火已灭，人们正沉浸在梦乡之中，然而，她却和桌上的一堆文件相顾无言，差点儿泪千行。

前不久创办的汇道文化公司就像自己的孩子，她珍爱有加。公司的一切事务她都会亲自过问，事无巨细。别人上班是朝九晚五，她的工作则是朝五晚九，这还算清闲的时候了。如果要外出应酬、洽谈业务的话，可能要凌晨才能到家休息。她本以为自己付出足够的热情和努力就能把公司带上正轨，稳步发展，可是现实狠狠给了她一个巴掌。她并非管理出身，也没有市场经验，做事几乎都是靠自己一腔热血在撑着的。

“丹梅，你这么拼命，肯定赚了不少钱吧，苟富贵，勿相忘啊！”有一段时间，这是身边朋友的口头禅，只要见到她，第一句话肯定是这个。杨丹梅有些理解什么叫“哑巴吃黄连——有苦说不出”了，她每天都活得战战兢兢，一睁开眼，脑子里想的就全是雇员薪水、办公费用、工作应酬这些事情，整个人如同行尸走肉。那段时间，她几乎是将自己所有时间都花在公司上了，孩子基本都是交给丈夫照顾。

这样的日子她过了快一年，最后核算公司业绩的时候，仍旧还是亏损的状态。杨丹梅很自责，自己的努力、付出几乎没有得到任何回报，家里她也无暇顾及，她都记不清上一次自己带儿子出去玩是什么时候了。唯一欣慰的是她从未拖欠员工一分钱工资，再难也挺了过去。

创业的第一年，她拿出了自己所有的积蓄，又找亲朋好友借了一笔钱，可一年到头，她几乎是血本无归。为了支付员工的工资，她甚至把结婚时的金首饰全部拿去抵押了。

家里人看她如此模样，实在是心疼她，便劝道：“丹梅，你看你不要命似的拼了一年也没得到什么回报，咱们可能真的不适合经商，你还是放弃吧，及时止损，别越陷越深。”

但是杨丹梅天生就是不服输的性子，她不信自己会一事无成，她也不允许自己轻言放弃。在哭过之后，她一把抹干眼泪，开始冷静分析自己失败的原因——努力的方向不对——对于工作她并不缺少热情，毕竟公司运作的项目都是她所喜欢的事情，她缺乏的是经营管理的能力。

只有勇敢面对困难才能真正破茧成蝶。在经过一番深思熟虑后，杨丹梅给自己重新做了一遍职业规划：自己有技术还不行，还要把手上拥有的资源整合起来，让其变成生产力。

于是，她开始学习经营管理课程，奔走各地，加入各种协会，扩充人脉资源。参加了环球夫人大赛，获得了中国赛区季军的殊荣，杨丹梅让更多人认识了自己、了解了自己。如今，她将自己学到的管理知识、结交的人脉资源、踏踏实实的为人处世风格运用到公司运营上，时刻记得前车之鉴，打理公司得心应手多了。

电视剧《士兵突击》里面有一句名台词——不抛弃、不放弃，这六个字写来容易，说着更容易，但做起来很难，真的坚持下来的人也是少数，杨丹梅是其中一个，自然也得到了应有的回报。公司的运营体系开始成熟，她也成为顺德美术家协会会员、民主促进会会员，佛山女企业家协会理事，更荣任桃园收藏协会秘书长。在闲暇之时，她还投资了一家1500平方米的美妆学校，代言了溪花汀美甲品牌。那段黑暗的光阴终于过去，一直笼罩在她头上的乌云慢慢散去，阳光洒进来，为她照亮前行的路。

“诚信为本，踏实做人、勤恳做事，必然水到渠成！”最后，杨丹梅夫人笑着说出这句话，云淡风轻的语气、豁达坦荡的眼神让她看起来格外的有魅力，那是真正经过风浪、受过雨打后沉淀下来的气质，优雅迷人，独一无二。

在工作上，丹梅踏踏实实，勤勤恳恳；面对家庭，她建立爱的家园，享受温馨港湾；对待生活，她四处游玩，寻求乐趣，让心灵适应这个千变万化的世界。她用自己的经历告诉众人：成功之法唯坚持二字，再无其他。

2015第十九届
环球夫人大

MRS.GLOBE
环球夫人

在所有赛事中，胡梅兴最感谢的是“环球夫人”。在她看来，环球夫人的理念能够真正激发选手的潜力，它所倡导的自立、自强、优雅、博爱，是女性成长的最美呈现。

有人说，这世上没有丑女人，只有懒女人，胡梅兴深以为然，她的人生经历，诠释了一种价值——做最真实的自己，永不言弃。

MRS.GLOBE

感谢那一次自己的叛逆

胡梅兴

一

迟来的叛逆

1992 年，年初，春节的喜庆洋溢在万里神州。彼时，历经改革开放 14 年的中华大地爆发出了惊人的发展潜力，处处生机盎然，万物生长。

那一年，也是在年初，88 岁的邓小平同志视察武昌、深圳、珠海、上海等地，并发表引起巨大反响的南方谈话，为中国的改革开放注入崭新动力。

那是一个人人敢为，全社会都在突破“思想禁区”的年代；那是一个躁动的时代。

可是，此时，在距离北京市区数十公里的解放军总参谋部某机关中，一切似乎都是原来的模样，鲜红的八一军旗迎着来自蒙古高原的寒风招展舞动，更显精神；路上身着军装的工作人员表情严肃，步履匆忙。

胡梅兴吃过午饭，回到宿舍，偶尔扫了一眼前几天她回城时带来的报纸，报纸上刊登着一则醒目的广告——有关部门将举办京津冀新女性风采大赛，欢迎广大女性报名参赛。

胡梅兴是一名俄语翻译，也是一名军人，军人的天职是保家卫国，是纪律，是服从。这种女性风采比赛和自己没什么关系，她并没有在意。

然而，不知道什么原因，胡梅兴没有像往常一样午休，她呆呆地坐在桌子前，陷入了沉思。她回想着二十几年来自己走过的路，顺风顺水、波澜不惊，虽然还没成家，但外表俊美、工作体面、专业精湛，家乡人都羡慕得不得了，每次回去都仿佛是衣锦还乡。

遗憾的是，她有个小时候的梦一直没实现，那个梦便是舞蹈梦和舞台梦。

胡梅兴一声长叹，可能自己真的和艺术无缘吧。从小城市考上部队院校，专业是俄语文学，和艺术一点儿关系都没有。毕业了，她又被分配到部队机关，工作相对封闭和单调，铁一般的纪律也不允许自己有过多的想法，那点儿儿时的梦啊，都在一声声口令和一段段俄文译稿中消磨殆尽了。什么舞蹈和舞台，注定是文工团和电视台的事，自己还是死了这条心吧。

晚上，躺在床上的她翻来覆去，她想给自己找个理由放弃梦想，可惜，她失败了。

她是个军人，军人的基因已经长在生命里了。她热爱这份事业，坚决执行上级交办的任务，随时准备为祖国和人民奉献一切……但她也是个普通女生，爱美、爱逛街、爱新鲜事物。

平日里回到市内，她在北京城的大街小巷上嗅出了一种味道，这味道新鲜、萌动，甚至有些聒噪，是天生属于年轻人的味道，它就是"改变"。就像《中国合伙人》里孟晓骏说的，他们这个时代，最需要的就是"改变"。可是，每当胡梅兴换上军装回到部队大院，她就又感觉自己和时代脱节了。

她不甘心，她要去试试。小时候就存在的那个舞蹈梦和舞台梦又开始升腾起来，仿佛熊熊烈焰，让自己兴奋又焦灼。那一夜，她失眠了。

就这样，胡梅兴利用部队放假的时间去报名参赛。她的目的很单纯，就是想出去看看世界。

那个年代，女性风采大赛还远没有如今这样有内涵。很多时候，都是以T台走秀选美为主。虽然胡梅兴面容姣好、身材高挑、职业优秀，但她毕竟不是专业模特，个子没什么优势，走秀经验更是空白，可谁也没想到，就在那一届赛事上，她获得了京津冀新女性风采大赛冠军。

报名参赛这事，胡梅兴没有和单位申请，更没和家里人商量，她觉得这很“刺激”，因为这是自己这辈子第一次“叛逆”，虽然姗姗来迟，虽然心有余悸，但拿了个大奖，自己的舞蹈底子都用上了，也算是给自己的二十多年来的“艺术追求”做一个了结。

没过多久，胡梅兴的照片登上了《解放军报》，她一夜之间成了单位的大明星，这事藏不住了。单位领导拿着报纸来问她怎么回事，胡梅兴照实回答，整件事无功无过，就此过去。

等到胡梅兴再一次获得类似奖项时，已经是 22 年后。

“从小到大，不管身在何处，我对舞蹈和艺术的追求从没消失过，现在我能带着这些爱美的人去演出，把美的艺术展示给更多人看，感觉是圆了小时候的梦。”胡梅兴对自己的状态很满意。

现在，她是雅坤京模艺术团（前身为北京名模艺术团及艺海时装队）团长，经常，她会和她的模特们一起，走在镁光环聚的舞台上。

二
那些小时候的念想，迟早会实现

都江堰，中国最著名的水利工程之一，纪念李冰父子的二王庙矗立在玉垒山上，守望着万年涌动的岷江。

曾经饱受岷江水患的成都平原因为有了都江堰水利工程，终成千里沃野、天府之国。而都江堰一处，用人杰地灵来形容也毫不为过。胡梅兴，也是从这里走出去的一位人才。

时间回到 20 世纪 80 年代。

9 月的河南洛阳骄阳似火，草绿色军装上身，所有人喊着“一二一”的口号正步走……面对此情此景，胡梅兴有点儿恍惚，她从没想过自己会成为军校大学生，更没想过会学习俄语。

那这位大学生想做什么？

她想做舞蹈演员，她喜欢这个，有段时间甚至魂牵梦绕。

在家排行第三的胡梅兴，小名胡三妹，打一出生就是家里的宠儿。父亲毕业于四川大学外语系，是不折不扣的高才生，后来在都江堰从事水利工作，做了一名水利工程师；母亲精通数学，一辈子做会计工作。也许是继承了父母的优良基因，学习对于胡三妹来说从来不是问题，她是同学眼中的优秀学生，是朋友羡慕的乖乖女。

然而，优秀学生、乖乖女这些在胡三妹看来其实没什么，她想过更精彩的生活——站在舞台中央，呈现自己的舞姿，让观众为之着迷。

胡三妹从小就能歌善舞，是学校里的文艺积极分子。小学时代，凡是有文艺汇演什么的，她总是舞台的核心焦点。有时候，她自己都会纳闷，自己上台从来不紧张，看到别人跳的舞一学就会，这可能就是所谓的天赋吧。

12 岁那年，胡三妹考上了成都军区战旗文工团，可阴错阳差，因为一些原因，她没有到专业的艺术团去学习舞蹈，完成她的艺术深造，而是回到了学校，继续她的初中学业。

舞蹈没学成，胡三妹不甘心，但木已成舟，纠缠也无用。爸爸妈妈也觉得学舞蹈是吃青春饭，总有一天会跳不动，还是学点儿其他营生的本事更好。

“我从小一点儿叛逆心都没有，爸爸妈妈说什么就做什么，一切都感觉是顺理成章的。”胡梅兴这样评价自己。

就这样，舞蹈始终是爱好，却没有成为胡梅兴的职业。高中毕业，她以优异的成绩考入中国人民解放军外国语学院，学习俄语，毕业后，她被分配到解放军总参谋部某机关，专门从事俄语翻译工作。

“但是，舞蹈梦一直萦绕着我，时不时就来牵动一下我的心。”胡梅兴的心里从没放下过舞蹈。

对舞蹈的执念，确实和她的爱好及天赋有关。从小到大，胡梅兴的舞蹈基本都是自学的，几乎没有经过老师的专业培训。小学时，她就有本事为其他同学编舞，带领大家训练；到了大学，因为各系之间经常会有文艺汇演和比赛，她更有了发挥的空间。

胡梅兴记得，大学时代有一次文艺汇演，各个班级都精心组织节目，希望有所斩获，她所在的班级也不例外。“当时有首歌叫《多瑙河之恋》，韵律优美，很适合作为舞曲。于是，我选了班里 4 个男生和 4 个女生，给他们编排了华尔兹，认认真真排练了好些时间。功夫不负有心人，演出的效果很好，在那次文艺汇演中一举获得一等奖。”

慢慢地，学校的同学都知道这位长相出众，会跳舞又会编舞的人了，她仿佛成了明星，青春年少的心得到了极大满足，甚至有一阵子，她想毕业了就去跳舞。

但是，从小听话的她还是没有走出这一步，毕业后，她被分配到北京延庆的部队机关，过上了简单甚至有点单调的生活。直到前文提到的 1992 年那一次“叛逆”，她才圆了自己的梦。

三
优雅：旗袍皇后的生活与哲学

时间是最好的礼物，在它的轴线上，生命渐渐丰饶起来。

1994 年，胡梅兴结婚，之后，儿子降生，再到后来，她复员转业，到北京市某研究机构工作，以副教授身份退休。

倏忽间，仿佛半辈子的人生已经过去，一下子就到了和光同尘的年纪了，可胡梅兴却觉得，自己退休后开启了崭新人生。

2014 年，她获得“寻找最自然民星”全国总冠军；2015 年，获得第 19 届环球夫人总决赛“最自信夫人”；也是在同年，她还获得世界旅游小姐金色使者北京赛区亚军及“最美夫人”荣誉。

接二连三的比赛和获奖，使胡梅兴身上被事业和家庭压抑了的天性得到了彻底的释放。她喜欢比赛，因为比赛需要思考，这是一种自我提升。有时候，为了制作自己或团员的舞台服装，她要遍访京城的设计室，一笔一画地描述，一针一线地要求，找到了合适的设计师，还要量身、试穿、修改……反反复复几次，不厌其烦。

在所有赛事中，胡梅兴最感谢的是“环球夫人”。在她看来，环球夫人的理念能够真正激发选手的潜力，它所倡导的自立、自强、优雅、博爱，是女性成长的最美呈现。因此，她自己不仅是曾经的参赛选手，更担任北京赛区选手的艺术指导，指导的选手还获得过冠军。此外，从 2016 年开始，胡梅兴已经连续三年担任全球总决赛的颁奖嘉宾，这是赛事对她的激励和肯定，她铭记于心。

而她，也因为岁月的沉淀，赛事中的成长，愈发优雅淡定，韵味十足。在她看来，优雅是一种教养，一种从容，一种自信，一种境界，一种长期的心灵积淀……

2015 年，第 19 届环球夫人总决赛上，胡梅兴获得“最自信夫人”荣誉，靠的就是这份自信、从容和境界。至今，她仍然清晰记得在舞台上陈述时的话语：“非常高兴和七〇后、八〇后甚至九〇后的夫人同台竞技，六〇后的我饱经岁月，但并未沧桑。”不少台下的观众以为胡梅兴才三十几岁，顿时吃惊不已，掌声雷动。

在胡梅兴的心中，女人不能以贫穷和富有来划分，因为这两者都是物质符号，是身外之物，而能伴随女人一生的，其实是优雅——它体现在一个人的着装打扮和言谈举止上，也贯穿于学识修养、为人处世、道德行为等方面。

“优雅是一种完美的生活态度，低调不张扬，端庄不做作，让人心生敬意。”胡梅兴就是这样的人，生活中，她是落落大方的梅姐，从容淡定，不疾不徐，但又能在举手投足间，看到岁月给这位知性女人留下的修炼。

胡梅兴把她的优雅哲学甚至用到了自己的先生身上。

2014 年，胡梅兴从单位退下来，她觉得自己终于可以在想做的事上施展拳脚了。此时，儿子已经在纽约大学深造，先生也事业有成。后来，她自己也成立了模特艺术团，经常活跃在各种舞台上。然而，先生却不那么支持她，他更希望胡梅兴游山玩水，过清闲日子，不要经常抛头露面。

面对来自丈夫的压力，胡梅兴起初消极抵抗，这是中国家庭在处理夫妻矛盾时的常用策略。但胡梅兴觉得这样时间长了也不是办法，有些事总要去解决。

于是，她不声不响，请了先生的一位女同事进到自己的艺术团，教给她穿着、妆容、舞台表现的技巧。胡梅兴还特意在一次演出中邀请了先生来看，当先生看到自己同事的变化时非常惊讶，他想象不到平日里熟悉的同事到了舞台上简直换了个人，他明白，妻子做的事，绝不是化化妆、穿上旗袍，到舞台上走来走去那么简单。慢慢地，他也开始理解妻子做的事业了。胡梅兴用优雅的艺术去解决生活中的问题，换来了艺术的人生。

如今，胡梅兴的艺术团绽放在各种类别的演出和赛事中，而她和她们，最钟情于中国的旗袍。

有人说旗袍是中华传统文化的精粹，因为它能够很好地展现东方美，可对胡梅兴来说，旗袍是事业、是追求，是女性优雅气质的最好载体。

选美比赛之后，胡梅兴遇见了旗袍，也遇见了最美的自己。与旗袍结缘，也与很多志同道合的姐妹结缘，胡梅兴跟她们一起走旗袍秀，参加模特大赛，不知不觉间，就过了几年时间。

胡梅兴惊喜地发现，自己儿时、青年时代的舞蹈梦、舞台梦，在旗袍表演中得到最好的发挥——她把舞蹈的元素融在模特的表演里，讲求身段、步法、韵律，走出了和普通模特不同的风格。

的确，虽然很多模特个子高，但她们缺乏岁月的历练，缺乏优雅的气质，展示旗袍的美感也会大打折扣。而胡梅兴历经的岁月智慧，宽容、大气，内外兼修的人生修养却能够很好地映衬出旗袍的古典美，这是缺少生活经验的人学不来的。

“我找到了我擅长的事，我把这几十年对艺术的向往都释放出来了，这是最好的安排了。往后的日子，一定要守住和旗袍和舞台的这份缘，多做点自己喜欢的事。”胡梅兴找到了自己的位置和归宿，态度更加坚定。

有人说，这世上没有丑女人，只有懒女人，胡梅兴深以为然，她的人生经历，诠释了一种价值——做最真实的自己，永不言弃。

2019

MRS.GLOBE
环球夫人

那些美的梦想一个个实现，善和爱层层传递，仿佛是湖水中的波纹，不疾不徐，优雅荡开，而那些涟漪，将感染越来越多的人。

MRS.GLOBE

感谢 20 年前那颗美丽的种子

陈秀梅

一

小时候，我遇上美丽

浙江，温州苍南，一座小城，小得不能再小。

0.35 平方公里的土地上，曾经住着一群抗击倭寇、保家卫国的壮士。

600 年沧桑变化，似乎没有撼动这座城里的任何节奏——城隍庙、妈祖庙、晏公庙等依然健在，几百年的石板路上仍旧行走着不慌不忙的人们，“拔五更”的民俗年年上演、精彩不断，卫国将士们的后代一如祖先，守望着故国家园。

这座城，叫作蒲城，是陈秀梅的故乡。

也许因为是战士的后代，小城里的男人雄强、女人俊美，就连个子都要比其他地方的人高一截。不仅如此，那里的女孩都爱美，喜欢打扮，陈秀梅也不例外。五六岁的时候，她就把妈妈的化妆盒悄悄打开，取出胭脂涂在脸上，用口红画出红脸蛋儿，还要把妈妈的丝巾披在肩上，和其他孩子玩扮新娘子的游戏。

“那个年代，衣食虽然没有现在这样丰足，但我们都无忧无虑，放了学之后，街头巷尾，奔跑嬉戏，大人们忙于生计，也无暇顾及我们，其实挺快乐的。”陈秀梅回忆道。

然而，快乐的童年也不是没有遗憾，小秀梅的心里总有点儿苦闷——这来自她的家庭。

陈秀梅是家中唯一的女儿，排行第二，换作今天，一定会享受千恩万宠，但在那个重男轻女的时代，秀梅没有得到特别的宠爱。

作为家里唯一的女儿，儿时的她总希望得到多些关注，可惜，她有一对忙于酿酒生意的父母。即便她有时候想方设法去吸引爸爸妈妈的注意力，但依然一切如常，没什么改观。

苦闷的孩子总能找到消遣时光的办法，这是人的本性。

她把自己关在屋子里，在小房间的阳台上种了各种各样的花，晴天时，阳光洒满花瓣，一片片晶莹透明，好似置身童话世界；下雨天，细雨顺着檐瓦滴落，打到花叶上，此起彼伏，美如弦章。在所有花中，小女孩最喜欢百合，因为百合花洁白无瑕、清新脱俗，仿佛不是人间的花卉，淡淡的花香既有风味，又不浓艳，恰到好处。

也不知从哪一天起，小女孩不再为无法获得关注而苦恼，她把注意力都放在了美上面。她学着大人的模样把花瓣捣碎了涂在指甲上，用叶子包好，几天后就能获得红指甲；她把妈妈的茶油偷偷弄出来梳头，头发总是光亮光亮的；她把自己的小心思写在日记里，不让任何人看。就这样，秀梅慢慢长大了……

长到十二三岁时，爱美的秀梅发现自己眼里的世界到处是美的，阳台上的花、安静的小城、光亮的石板路、山海间的天际都美到无法形容。她喜欢一个人转悠，享受美的时光，有时候在小城的城墙上坐着发呆，一坐就是两三个小时。

“家乡很漂亮，但因为我长大了，总想出去看看。”陈秀梅回忆着自己那时候的心境。

出去走走，一个人，不要任何人陪着，到外面的世界去闯荡，话不多的陈秀梅脑袋里盘算着。

曾经，小姑娘把这个想法和妈妈说了，妈妈只当成是戏言，随便应承几句“好、好”，便没了下文。秀梅甚至想过偷偷地离家出走，做点叛逆却浪漫的事，但最终

她担心家里人伤心，并未付诸行动。

可是，“美和远方”仿佛有魔力，在秀梅的精神世界里若隐若现，它们是光、是希望，引导着这个少女的心。

“我小时候胆子大，不爱说话，但认准的事肯定要做。”陈秀梅这样形容自己。

生活在古城里的人们，未必有秀梅一样的“执念”，世世代代生于此、长于此，没有人觉得不妥。可秀梅这个小姑娘是毅然决然的性格，蒲城这片小天地注定留不住她。

时光匆匆，那个小时候皮肤白皙、眉眼秀美、内向安静的小姑娘长大了，长到了十九岁；很快，爷爷的一句话改变了她的一生。

那一年，爸爸在福建做生意，妈妈继续忙着家里的酿酒生意，在家里无所事事的秀梅被爷爷叫到身前。爷爷说：“女孩子要走出去，不要靠着别人生活。”言辞不多，但分量很重。埋藏在少女心底的对外面世界的向往，仿佛得到了肯定；她笃定自己儿时的想法是对的，是时候出去闯闯了。

于是，陈秀梅告别了家人，走出了那座几百年的古城。

很多年之后，她对人说：“我特别特别感谢爷爷，感谢他对我说的那句话。爷爷什么都会，没有人不认识他，嘴上经常挂着孔子、孟子，拿古代的例子教育我们。我离开家的时候，我身上穿的衣服还是爷爷缝补过的。”陈秀梅眼里泛着的泪光，是思念的模样。

二 美丽之花 光荣绽放

带着对陌生世界的企盼，对美好的追求，陈秀梅来到了温州。

没过多久，她遇到了爱她到骨头里的男人。

再后来，儿子出生，三口之家其乐融融，日子平凡、幸福、美满。

然而，她总觉得生活缺了点儿什么，那颗埋藏在她心底的美的种子，渐渐发了芽。

“我们决定创业的时候有几个项目可以选，家人甚至希望我继承家里的事业，去做酿酒生意，但我选的是美容，而且从来没后悔。”自己爱美，给别人创造美，这在陈秀梅看来是最好的生意。

做了决定之后，陈秀梅和先生回到家乡苍南，把人生的第一桶金都投资到美容行业，他们开设了一家小型美容院，同时代理几个化妆品品牌。靠着精湛的技术和踏实的经营，企业规模和业绩逐年提升，直到成为知名美容连锁企业——“天赐福华”。

如今，在温州苍南，无人不知“天赐福华”，陈秀梅靠着对美的不断探索，对卓越的不断追求，使企业成为当地不折不扣的美容行业领军品牌。

也许在外人看来，陈秀梅完全可以停下来，享受生活，但作为企业家的她显然有更大的规划：“未来 5 至 10 年，公司将着重培养美容经营人才，开辟分店，让‘天赐福华’的品牌走向全国。”

为了培养人才，她更是创办美容培训学校，为美的事业传承薪火。她的学校里培养出的专业技术人才和管理人才，不仅让自己的企业有了深厚的智力储备，更让苍南的美容事业有了后备军，这是陈秀梅对美容事业的贡献。

做企业的人都知道，人才是最核心的竞争力之一。陈秀梅培养了那么多美容专业人才，但有些并不是在自己的公司里上班，这仿佛是在为他人作嫁衣。可陈秀梅并不这样想，“做企业，很多人把它认为是你死我活的零和游戏，其实不对。现在中国大陆的美容行业还处在起步阶段，让美的观念深入人心，做强整个行业，这是大家要一起完成的。”

的确，陈秀梅培养出的人才即使不在她的企业，而是到了其他美容机构，但也是在创造美、传播美，这是人人皆美、大美与共的境界。

“企业发展靠品牌，品牌是长期积累形成的，自己做好自己的事就行了。如果我的员工去外面开店，我不但理解，甚至支持。”陈秀梅印证了企业家的胸襟。

企业做到今天，人们都夸赞陈秀梅有能力，但他们忽视了她的努力。除了企业家的头衔之外，她还是环球夫人、学习型中国达人、香港优雅仪态导师、香港女子学堂校长、温州工商联副会长、海峡两岸旗袍协会会长、国家级营养理疗师、浙江大学 MBA 总裁学士、美容心理学士、清华大学学士、国际芳疗师，等等。为了美的事业，她孜孜不倦，不断完善自我，这也应了那句话：自助者天助。

二十年来，美丽成就了陈秀梅的事业，成就了她自己，而顾客们的美，在她看来是最好的回报。陈秀梅心底那颗有关美丽的种子，早已枝繁叶茂、绿荫怡人。她感恩自己出生的那座小城，一方水土养一方人，小城女孩的天性在她心里种下了一颗爱美的种子。她也感恩自己过往的一切经历，这让她觉察到万事万物都是美的，直到自己把美化作一种能力，去传播给更多的人，把美变成一生的事业！

三
遇见最好的自己

陈秀梅做事雷厉风行，认准了绝不回头，员工都有点儿怕这位老板。但是，每当遇到困难，出手相助的一定是老板。有一年，有几名老员工想辞职，她们都是和陈秀梅共事多年的“骨干”，这给她出了一道难题。经过沟通后，她发现一些员工想出去开店单干。基于对这些员工的了解，她认定有些人出去单干成功的机会不大，就劝其不要离开，安心做现在的事业，同时，她承诺加薪，使员工更有获得感。她给了这些想离职的员工 3 天时间，3 天中把所有问题、所有抱怨沟通到位，如果想继续一起做事业，非常欢迎，如果想走，也绝不挽留。

“事业有波折，我也失落过。有几年，先生的事业有点儿不顺，儿子也处在叛逆期，企业每天离不开人，两方面都要牵扯精力，很辛苦。”面对这样的辛苦，陈秀梅没有怨天尤人，她先从自己开始改变，她坚信只有自己成长了、强大了，才有改变他人的能力。在遇到“环球夫人”之后，她经历了更大的改变。

“以前做美的事业是为了赚钱，当有了钱之后，企业责任成了我最关心的问题——顾客的满意度、员工的收入、成长全系企业，我没有理由不做好；现如今，我把美作为信仰去做，我要用爱和美的力量去改变周遭。”

2015 年，得知环球夫人大赛正在招募选手的消息，她毫不犹豫地报了名，当她进入到环球夫人训练体系中后，她发现赛事给她的改变不只是礼仪、才艺等方面的精进，更是对女性价值、生命状态的提升。

“指导老师很严格，大家都很刻苦，每天穿着十几厘米鞋跟的高跟鞋进行仪容练习，十几个小时练下来，脚痛得都不敢碰一下。但是，我遇到那么多优秀的夫人，她们都是百里挑一的成功女性，训练中没人懈怠，更没人退出。”

那一届，陈秀梅荣获环球夫人中国赛区十佳，深圳赛区四强的荣誉。可对她而言，收获的不仅是荣誉，她更收获了一次凤凰涅槃。

“环球夫人大赛让我接受了一次爱和美的教育与洗礼，扩宽了我的眼界，打开了我的格局，甚至说，我重新认识了自己，重新找到了人生定位。”陈秀梅的话语发自肺腑。

回到公司后，她把所学的服装搭配、礼仪、美容养生等知识分享给顾客，更是把在环球夫人赛事中体会到的女性自爱、自强的理念传达给她们。“我们不仅要让顾客实现外在美，更要提升她们的内在美和美的能力。”

没过多久，陈秀梅成了环球夫人的消息在苍南的“朋友圈”传开了，她似乎成了苍南的明星。鲜花、掌声、采访源源不断，而苍南的“美丽女王”却没有沉浸在这荣誉中而止步不前。

从 2017 年开始，她先后前往北京大学、浙江大学深造，结识新同学，交流企业管理经验，一起做公益。在这些学习和公益实践中，陈秀梅感悟良多，“企业家做到最后，其实是在做加减法，什么能做，什么不能做，要遵循初心，要有守拙乐道的情怀。”她相信，一切都是最好的安排，多数情况下，化繁为简，事半功倍。

事业如此，家庭亦如此。

陈秀梅相信在事业道路上的感悟也适用于家庭，凡事先从自身找原因，寻求自身的改变。她记得儿子小学时有段时间沉迷于电脑游戏，成绩也下降得很厉害，甚至说了也不听，她觉得有必要和儿子认真交流下。有天，陈秀梅把孩子叫到身边，耐心沟通问题，聊到最后，孩子抛下一句："你们回家还不是看电视、玩手机……"

陈秀梅顿时明白了原委，原来孩子是在看爸爸妈妈的表现。等先生到了家，两个人安安静静聊了下儿子的情况，之后做了一个家庭决议——回到家，在儿子应该学习的时间禁止开电视、看手机，并和儿子约法三章，电脑游戏只能在周末特定时间玩，其他时间做该做的事。

说到做到，从那以后，在儿子放学回家做作业的时间，家里的电视再也没开过，手机也被放在专门的盒子里，不能随便用。简单的改变带来了示范效应，儿子也严格遵守约定，心思回到学习上，成绩稳步提升。

如今，儿子已经长大成人，可陈秀梅对自己的要求却丝毫不减。她习惯给制订四种计划：健康计划、美丽计划、财富计划、生活计划。而自律和坚持，是成就这些计划的关键能力。

为了让自己保持年轻的心态和体态，她坚持每天早上起床一杯水，之后冥想、热身、锻炼形体，即使是寒冷的冬天也不例外。到了晚上，除了日常护肤、保养，她会听音乐，放空心情，留出属于自己的一段时间和一个空间。她就是有这种能力，认准了就去做，而且一做就是一生。陈秀梅相信，必要的反思非常重要，但更重要的是马上开始。“我们花费太多的时间去怀旧，从 22 岁大学毕业走出校门便开始怀念学生时代，到了 30 岁又开始缅怀 20 岁的青春，40 岁时总想抓住 30 岁的光影。但其实，我们最好的时光就是当下。”

遇到最好的自己，成就身边的人，陈秀梅的生活哲学简单而高远。她感谢家人、朋友和员工的陪伴，这让她觉得自己所做的一切都值得，也更加有信心继续前行。

陈秀梅如同百合，不盛不乱，姿态如烟。月亮与六便士，在她的生活中美妙结合。那些美的梦想一个个实现，善和爱层层传递，仿佛是湖水中的波纹，不疾不徐，优雅荡开，而那些涟漪，将感染越来越多的人。

MRS.GLOBE 环球夫人

对于董淑香而言，最幸福的事有三件：第一件是与家人聚会、周游世界；第二件是和朋友们打高尔夫球、怡情山水；第三件便是通过环球夫人大赛，使女性重回美丽，重拾自信。在董淑香看来，做自己喜欢的事，懂得感恩，为世界付出属于自己的那一份爱，无论大小，便是幸福人生。

MRS.GLOBE

幸福人生“一二三”

董淑香

一
一杆中的，一人打拼

绿草如茵，碧空如洗，打球者挥杆一击，动作优雅有力，白色的高尔夫球划过半空，成一道弧线，飞向远处。从诞生之日起，这项运动便是高贵、优雅、友谊的代名词，它常常与好树、好沙、好水相伴，在全无裁判的情况下，球手们坚守规则，彼此尊重，全心投入。虽是比赛，却如“绅士”般闲庭信步，放眼远眺，绿野无际，三两成群，人与自然相融无间，好不快哉！

董淑香也很爱这项运动，只要时间允许，她都会出现在高尔夫球场上，挥动球杆，全身心投入。初学高尔夫时，她风雨无阻，每天坚持练球，在坚持半年之后她得到了一个意想不到的收获。

那时候，她受邀参加广州普高会二期总裁班的毕业典礼，典礼的一个环节便是相约打一场高尔夫球，她爽快应下。谁知计划赶不上变化，作为环球夫人大赛肇庆赛区主席的她要陪选手前往北京参加环球夫人全国总决赛，赛程安排很紧，基本没有多余时间。为了不失信于人，董淑香决定连夜飞到广州参加毕业典礼，活动结束后立马返回北京。周围人知道她的打算后，纷纷劝她不要如此奔波，她只说道：“既然答应了，就要做到，诚信二字不可失。”

为此，她买了夜班机飞回广州，清晨拖着行李箱去了球场。她藏起一夜奔波的疲倦，让自己以最好的状态去面对大家。拿起球杆走上球场时，她一切如常，浅笑轻语，举止优雅，不见丝毫慌乱紧张。摆放小球、定身而立，杆面与目标线垂直、稳住重心、固定胯部、挥杆打球，这一系列动作她早已烂熟于心，做起来也是一气呵成。挥杆击球后，眼看着那颗白色圆球在空中呈抛物线划过，心中想着它的落点。

也许是那颗球感受到了董淑香千里奔赴而来的诚意，想报之以惊喜，竟稳稳入洞，分毫不差。在球进洞的一瞬间，在场之人皆为之赞叹，不住地鼓掌叫好。要知道，许多人打了十几二十年的高尔夫，也未曾一杆入洞过，眼前这位漂亮女士居然只用了半年时间就获得了这一成就，着实是让人歆羡不已。

董淑香当然更是开心，在这一刻，她所有的疲惫、辛劳都已烟消云散，心中尽是满足。

参加完典礼，已是傍晚时分，她拖着行李箱直接赶到机场乘机回京。一天两夜，北京广州，来回数千里，虽然旅途劳累，却也不虚此行。

坐在飞机上，看着窗外夜色如墨，董淑香很想闭眼小憩一会儿，但是一杆入洞所带来的喜悦却挥之不去——苍天不负有心人，自己这一路走来，不也印证了这条古训吗？一时间，多年前远离故乡、独自创业的时光又萦绕于心。

董淑香 18 岁就告别了体制，出来做生意。在哈尔滨经营了几年后，她来到广州开了公司和工厂。

改革开放后，经济复苏，南方沿海地区因为独特的地理位置和政策优势，发展极快，到处都是商机。爱美的董淑香赶上了这个创业浪潮，她决定从服装生意入手，毕竟，衣食住行是人之必须，不可或缺。

董淑香对自己的生意做了详细的规划，只是现实终是要比想象残忍。那时候，交通并不像现在这样发达，物流更是远未普及，生意做起来很吃力。每次到国外采购版型，虽然考验的是眼光，是对流行时尚的感悟和理解，但以自己瘦弱的身躯负重而行，却也别有一番心酸。

好在那时生意场上尚有质朴之风，人们总能互帮互助，你拉扯我一把，我帮衬你一下，董淑香的创业还算顺利。她自己诚实守信，博得众人好评，生意便也越做越大，自己的服装公司集设计、生产、销售为一体，形成了品牌。

如今，董淑香仍旧记得自己赚到人生第一桶金和公司成立第一天时的心情，这一杆进洞的喜悦，仿佛映照了一句话——成功或是需要幸运，但更多的还是靠人的努力。

二
两人结伴，风雨同行

在广州，董淑香收获了很多，少年心性岁岁长，她在时间的打磨中慢慢长大，也比同龄人更加成熟稳重。处于青春岁月中的人对爱情总是心向往之，即使还未遇见那个能和自己相伴一生的人，也还是会幻想出对方的模样、品性。董淑香也不例外。

闲暇之余，她也会在心中默默勾勒白马王子的轮廓，他不必玉树临风，也不用是什么翩翩公子，只需要懂她、疼她，能在她撑不住的时候帮她一把就好。一个人打拼事业虽然潇洒自在、不受拘束，但同样也要一己担当所有事务，她不怕苦不怕累，但一身疲惫回到家的时候，她还是希望可以有人给她一个肩膀靠一靠。

不过缘之一字，最难强求，所以才有“随缘”一说。董淑香也没有把这些事太放心上，工作起来仍旧是夜以继日，全力以赴，毕竟当时她能依靠的只有自己。时间一长，她也就忘了“白马王子”这事儿了。

大概是老天觉得这姑娘对自己的姻缘实在不上心，有些看不下去，便抬手一挥，将那位“白马王子”送到了姑娘身边——董淑香在一年四季花常开的花城遇到了让她心动之人。那人也经商，性格极好，对手下员工从不苛责，对身边人也甚为包容，凡是认识他的人没有不夸他的。和他接触一段时间后，董淑香觉得可以给这人升个

级，于是就答应了他的求爱，让他做了自己的男朋友；经过重重考核后，他终于达到满级，成了董淑香的先生。

婚后，两人在事业上互帮互助，一同成长；在生活上，两人凡事好商量。董淑香不论做什么事，都会站在对方的角度思考一番，先生亦是如此，所以他们能相互理解，从不为琐事争吵。两人如胶似漆，生活甜甜蜜蜜。

曾经在广州孤身奋斗的董淑香现在有了丈夫和家庭，在很多人看来，她应该在家相夫教子，毕竟创业艰辛，苦和累都要扛。但是，董淑香从来都不是活在他人看法之中的人，当初她敢南下创业，现在亦能照顾家庭、扩大公司，她奉行的人生准则永远都是女性的独立，首先是经济和价值观的独立。她感谢自己的先生，因为无论自己做什么决定，先生都支持，这份理解和包容，最为珍贵。

随着年岁渐长眼界渐宽，董淑香看过的人越来越多，她发现许多女性在结婚之后都会放弃自我，年少时的爱美之心早已不知所踪，剩下的只有数不清的家务活——做饭、带孩子、收拾家务……看得越多，董淑香便越想为这些女性做些事情，让她们拾回属于自己的那份美丽。

“我的心愿是感染周围更多的女性从灶台走向舞台，蜕变成更自信、更优雅的时尚女性。”董淑香心怀大爱，她希望更多女人成为孩子的好榜样、丈夫的好妻子。

可是，要怎么做呢？对于如何感染更多女性，当时的她并无把握。董淑香曾经多次表示，她很感恩环球夫人大赛哈尔滨赛区主席邢玉红夫人的支持和鼓励，是她让董淑香走上环球夫人大赛的平台，见证了赛事对于女性的改变，这使董淑香坚信，以环球夫人大赛为契机，更多女性可以成为更好的自我。赛后，她申请创建了环球夫人肇庆赛区，并担任该赛区主席，一时间，众多优秀女性融入其中，盛况蔚然。

环球夫人大赛以美丽与智慧、爱心与慈善为宗旨，推动公益慈善事业的发展，关心妇女权益，积极组织社会公益活动，为弱势群体带去帮助和关爱，传递真善美的正能量。董淑香主席在肇庆赛区积极弘扬赛事精神，深得参赛女性认同，而这些女性将环球夫人大赛的宗旨传播开去，感染了更多人，这也实现了董淑香主席的初衷。

三人成行，予人玫瑰

“环球夫人”大赛结束后，董淑香受益良多，生活也发生了许多变化。

她坚持自己对于“美”的理念，和几个股东一起开设形象设计和形体培训商学院，并担任院长一职；为了提升自己，她去了博研学校学习，并且在读书期间创建了博研商学院女子俱乐部，任该俱乐部的创始会长；2018 年和 2019 年两届受邀以嘉宾的身份参加了法国戛纳电影节走红地毯。

随着事业的发展上升，董淑香主席走出家门、走向世界，人生阅历的丰满和眼界的升华，让她早已超越普通女性的精神状态，走向美丽和慈善与大爱。她越发觉

得既然生而为人来到了世上，便该好好体验一番，而不是将余生都束于厨房灶台间。心只一隅之大，再小的烦恼也会占据全部空间；心有四方天地，再多的烦恼也不过沧海一粟。

“美丽并不是指外表精致、貌若天仙，而是一种内心的自信，女人一旦有了自信就会变得优雅从容。所以，不管你的外表如何，都要走出自己，要走上舞台，让

自己有一个真正的改变。”董淑香主席对美的定义便是如此。

环球夫人大赛帮助女性重拾美丽和自信，董淑香是最高兴的那个人。在她看来，可以为女性做点事，帮助一些人去改变，这是为“女性解放”的伟大事业添加的一份薪火，只有千万女性都真正寻找到自我，这个世界才会真的实现和谐。

然而，这条路并非那么平坦。为了组织好赛事，她将自己的资源全部奉献了出来，小到夫人们的一件饰物，大到赛事安排的全过程，她一定会亲自过问和指导，生怕影响效果。

有些夫人在报名参赛后，觉得自己实力不够，或者担心抛头露面不够低调，有

打退堂鼓的想法，董淑香主席便晓之以理、动之以情，一点点去说服。看着夫人们气质出众、衣着光鲜地站在舞台上，她自己不知付出了多少汗水。董淑香喜欢用一个有趣的比喻来形容她对女性心态的看法，“你想投入一片大海时，最好的办法是换好泳衣自己下去游两圈，而不是抱着游泳圈在岸边冲脚。”

改变了诸多女性，董淑香很是开心，但她对自己的要求也更加严格了，不管是在生意上还是在日常生活中，她都格外注意言行举止，率先垂范，她以自己的言行，真实演绎了环球夫人的优雅和美。而这还远未结束，她坚持大赛的宗旨，投身慈善事业，负薪取火，照亮爱的前路。

曾经有一次，董淑香带其他志愿者去到广东肇庆的一所学校。那里的孩子大多家境贫寒，生活条件也差。当董淑香她们带着慈善物资来到学校时，孩子们都围在她们身边，欢呼雀跃，眼神中满是期待。

孩子们领过物品，小小的脸上挂着灿烂的笑容，真诚又单纯。董淑香看着那些稚嫩脸庞，既心疼又感动——不过是给孩子们送了一些简单文具，可他们却如此满足，也许，在他们的内心深处，已经种下了善的种子，有朝一日会开花结果。活动中，孩子们向志愿者表示，一定好好学习，将来帮助更多的人，回报社会。

这一次的经历让董淑香更加坚定了立场，慈善公益一定要做下去！未来，她会通过环球夫人大赛的舞台继续宣传女性自立自强、善良美好的理念，身体力行，带动身边的人一起加入慈善事业中。所谓涓流汇海，聚沙成塔，董淑香相信每个人付出一点，汇集到一起，便是改变世界的力量，而这力量，可以给处在黑暗之中的人一线光明，可以帮助陷在泥沼里的人踏上实地。

MRS.

MRS.GLOBE 环球夫人

西汉李延年曾道：“北方有佳人，绝世而独立，一顾倾人城，再顾倾人国。”盛唐时期，诗仙李白曾为“羞花”杨贵妃提笔：“云想衣裳花想容，春风拂槛露华浓。”无外乎是在称赞女子之美：花般容颜、水般柔情、诗般典雅及竹般坚韧。

正是凭借着端庄优雅、自信坚毅的女性之美，谷凌真，这位皮尔·卡丹皮具的中国区形象代言人，斩获2016年第20届环球夫人大赛华南、香港双冠军及第20届环球夫人大赛最具魅力夫人的殊荣，荣获国际至尊品牌大奖之2017年度企业家之称。她用自身的经历，一步步悟出美的真谛，秉持着与美同行的生活态度，书写出人生的新篇章。

与美同行，风华正茂

谷凌真

MRS.GLOBE

一
自信执着，华丽蜕变

2016 年，环球夫人大赛的舞台上，谷凌真眉眼清亮，温婉可人，举手投足间尽显高贵典雅，其由内而外的从容和自信深受评委好评，而台下的观众，更是为她的气质着迷。此刻，眼前的 T 台仿若传世名琴，谷凌真正如演奏家，从容演绎大美和弦。

其实，这是谷凌真第一次参加比赛，第一次站上舞台，第一次将自己放在镁光灯下，受人瞩目。她没有任何类似的比赛经验，比赛中又有穿着比基尼的泳装秀环节，为人低调的先生对此一直持保留态度，这让她挣扎了许久。最终，她决定听从内心的声音——必须勇于改变，去成就最好的自己。

报名参加大赛后，她放下自己皮尔 · 卡丹皮具中国区形象代言人的身份，一切重新开始。形体、妆容、才艺等皆力求精湛，她说这是对比赛的尊重。令她印象最深的是每天要踩着 10 厘米的高跟鞋进行舞台表现训练，几个小时下来，脚都不敢动一下。

先生和孩子们看到这般情形，看到了身为女性的谷凌真的坚韧，无不被感染，也更加理解和支持她。“这是我继续参加比赛，和其他夫人同台竞技的最大动力”，谷凌真眼神中充满感激。

就这样，她一步步走向决赛舞台，实现自我蜕变，最终取得了优异成绩。然而，在谷凌真看来，结果固然重要，但能和认识的姐妹们一同努力，共同展现出当代中国女性风采，才是她最为享受和开心的事情。参加比赛以来，她也收获了来自世界各地优秀女性的珍贵友谊，也深刻意识到，美，是女性一生追求的事业。

“人生就像枝繁叶茂的大树，枝丫伸向四面八方才是一株美丽、健康的参天之材，如果她的枝丫由于人为或者外界条件的束缚，只能在偏向家庭的方向开花结果，那对于女性是不公平的，是营养不良的树。”谷凌真毫不讳言自己对家庭和事业的理解。

于她而言，女性和男性虽然生理构造不同，但都同样需要荣誉和认同。诚然，作为一位全职太太，为家庭付出，看见家人的笑脸，定是成就满满，但对于一名有事业心的女性，家庭能给予的满足始终有限，而职业恰好能够填补女性对于认同感和荣誉感的缺失。因此，她华丽转身，努力让自己成长为一棵枝叶繁茂的大树。

“千磨万击还坚劲，任尔东西南北风。”郑板桥曾这样赞美竹树顽强而执着的品质。此句放在转身走入新天地后的谷凌真身上，也有异曲同工之妙，她的事业，也是在一些非议和质疑中成长起来的。

谷凌真身为皮尔·卡丹皮具中国区的形象代言人，对品牌运营有着丰富的个人体验，此外，她长年涉猎国际奢侈品，眼光独到，能够从容把脉时尚潮流的变化，因此，对公司产品的定位、设计甚至销售，她经常能提出专业意见，对皮尔·卡丹皮具中国区的业务助力颇多。可即便如此，她仍然会被当作外行人看待，“这是对女性先天戴上的有色眼镜”。

鉴于此，她不慌不忙，一方面努力提升自己，另一方面尝试证明。终于，在皮尔·卡丹皮具中国区五周年庆典上，她让其他人看到了自己的专业态度和能力，消弭了此前的疑虑。

2015 年，皮尔·卡丹皮具迎来五周年时尚庆典，身为负责人的谷凌真曾一度不被人看好，但她不会在意别人的眼光，她相信，做好自己的事，别人会理解。就这样，她再次凝练皮尔·卡丹品牌与中国高端人群的精神契合，从品牌发展的历程中挖掘高贵和典雅的气质，有效整合传播资源，引领消费者领略品牌的新经典魅力与艺术品位。

此次庆典以“自信·让梦想更近”为主题，开展了一系列卓有成效的公关传播活动，堪称完美，而谷凌真也赢得了行业一致赞誉，皮尔·卡丹皮具品牌的形象再次得到升华，代理商、合作伙伴的信心更是得到很大提升。这场精心策划的盛典，让所有诋毁和质疑她的人哑口无言，她用实力证明，足够优秀，便足够强大。

人生路上难免有风雨交加，但无论命运如何捶打，她就像那青山中的竹，靠着执着、毅力和勇气，一点一点茁壮成长，自信而坚韧。

二
心怀感恩，春风化雨

美丽，永远不止于容颜。谷凌真常说：“人的一颗心，只有真正地注入了爱意，才会有温度。”

在她看来，怀着感恩的心去工作、生活是最重要的，而这本身就是美的另一种呈现。她深知自己所拥有的一切都来源于社会，始终怀抱着真诚之心，用行动回馈社会。

2008 年的雪灾、汶川地震、玉树地震……当天灾降临，人们或许无力阻止，可面对这些困境时，每个人都有力所能及的事可以做。谷凌真不是军人，无法像解放军战士一样深入灾区进行救援，但她尽其所能，以个人名义为灾区捐献价值数百万人民币的款物，这温暖的援助之手、施救之情，虽无形，仍有力。

而十几年来，她都会定期为贫困学生捐衣物、书籍、电器。点滴之功，足以穿石。她一对一帮助了 48 名贫困学生，助学资金也早已达到百万元人民币。工作中，谷凌真的先生发起创立了“洪鑫育人扶助基金会”，她更是全力支持，每年都会为企业困难员工及员工家属捐款捐物，还会和先生一道，到落后地区的困难员工家中送出一份温暖。

持之以恒，说来不过四个字，写来不过十几秒，谷凌真却整整书写了十余载，在未来，她也仍不会停下公益的脚步。

“我一直很喜欢奥黛丽·赫本，不仅仅是她的容貌和气质，更因为她的品位，她对公益事业的支持。”她希望能成为自己心目中的奥黛丽·赫本，也希望人生路上走得遂顺的朋友能一同努力，让所有人拥有美，拥有温暖。毕竟，一个人的美，仅仅是孤芳自赏，所有人的美，是谓百花齐放。

“生命是丰富多彩的，这种多彩本身就是一种美，生命也是无法预料的，所以要体谅别人与自己的不同。”谷凌真对世界的这种认知与领悟，一半来自社会，一半来自家庭。

她有着三个可爱的宝贝，各自的兴趣爱好、性格脾气、身材容貌等都有不同，甚至会完全相异。一开始，她也认为很神奇，三个孩子同一个屋檐下成长起来，尽管无法做到百分之百公平，但父母也是平等地将爱分给每个人，然而为何他们，终究还是走向了三个不同的方向呢?

渐渐地，谷凌真发现，家长教育子女，其实也是被子女“教育”的一个过程，作为家长，是第一次当父母，而孩子，又何尝不是呢？新生的婴儿，宛如一张白纸，对这个世界一无所知，他们最早能知晓的、学会的，都是父母所给予的，正所谓言传身教，孩子其实就是父母性格的倒影，尊重她们的想法和脾气，她们才更能体谅父母的辛劳。

谷凌真深深知道，既然没有一个家长是完美的，又怎能苛求孩子十全十美呢？因此，她从不会以爱的名义强迫孩子必须做某件事，也不会因孩子犯错而大发雷霆。所以尽管三个孩子性格各异，但谷凌真与她们都相处融洽，因为她明白，人，不是完美无缺

母女三人“姐妹花”

的，问题出现的时候，首先要学会接受双方的缺点，往后余生，才能共同改进成长。

于她而言，家庭教育是双向的，她在陪同孩子成长的过程中，也在一步步重新审视自我，领悟人生，努力变得更美、更好。

这世间万物，形色各异，山川有陡峭与平坦之分，河水也有湍急与缓流之别，生命，也正是因其不同，才显得美丽动人。

三
与美同行，风华正茂

先哲卢梭曾言：“从我们心中，夺走了对美的爱，也就夺走了生活的全部魅力。”人类对美的追求与渴望，从未止步。以四季为例，春有新芽雨中生，夏有荷花满塘开，秋有枫叶山中红，冬有白雪枝头落。人们都会一一去记录，以自己的双眼、用五彩的画笔、持手中的相机……年复一年，日复一日。

当然，这是人们肉眼可见的美景，是大自然所无私给予的美丽。只是，更多的时候，美是需要人去探索、去找寻的。女性对美的热爱和追求似乎是天生的本能，谷凌真也不例外，不过她更擅长从诸多事物中发现美的存在。从比赛中、工作中、家庭里；从一本书、一幅画、一部电影里；从身边一切人、事、物中，看见世界不同的美。

《红楼梦》是她最爱的书，《花样年华》是她最爱的电影，将两个最爱所连接上的，是“梦醒时分”四个字。

“假亦真时真亦假，无为有处有还无。”红楼梦里的诗句与王家卫电影里的光影和台词，都在描述着梦碎与梦醒，好似人生的一场演绎和缩影，梦做久了就会以为这个世界仅仅是自己家和公司的狭小天地，唯有梦醒，方能看清生命的广度和宽度是没有边界的。她的改变，也正是因为意识到美丽不仅仅是眼前这一点光景，因此，她用心去尝试从未做过的事，并试图从中获得更宽广的体验，去拓宽自己的眼

SUPERCAR CLUB

界和认知，感受生命多彩而绚丽的美。

讲到这里，她坦言自己在过去的岁月里，放弃了很多挑战的机会，成了她这辈子最大的遗憾。尽管按照别人规划好的人生路去走，会一帆风顺，但若能重来一次，一定会像北野武导演一样，选择滚烫的人生，即便它很辛苦。倘若时光可以倒流，她想对 18 岁的自己说：尊重自己的选择，将未完成的挑战都一一尝试一遍，不论成败，只为了这一次的经历和体验。

“一朝春尽红颜老”，韶华易逝，这是如同绿叶变枯枝一样的自然法则。但纵然容颜易老，人心却不会，一个人所散发出来的气质与魅力，是无关年龄的。这一点，在四十岁的谷凌真身上得到了完美的诠释。

作为皮尔 · 卡丹皮具中国区总裁的夫人和品牌的永久代言人，过去，她已为品牌发展做了不懈的努力和贡献，未来，她仍将继续参与皮尔 · 卡丹事业的发展，更多地投入对品牌建设中。这颗执着梦想的勇敢之心，永远也不会老。

作为环球夫人，她像极了将阳光穿在身上的人，脸上总洋溢着自信而温暖的笑容，尽自己所能为身边的人、为远方的人，为世界送去温暖和善意。这颗热心公益

的感恩之心，永远也不会老。

作为谷凌真，她多才多艺，唱歌、跳舞、雕刻、化妆、烹饪无一不通。追求一种简单的生活——素而不寂，暖而不腻，带着人间烟火的气息，和亲人相依，和朋友同行，心有所依，情有所靠，不求天长地久，只愿珍惜如今。这颗知足常乐的善良之心，永远也不会老。

无论是过去还是将来，谷凌真从未停下追求美的脚步，更是在追求美的过程中一步步找寻到美的真谛，感人的事，她更加渴望让美遍布身边的每一个角落。

“这世上有许多被生活和生存压得喘不过气的人，他们像定好的闹钟，无法停歇，也无法细细感受世界美好的那一面。”谷凌真希望以自己的绵薄之力，能为这世界增一道光亮，添一丝暖意。她坚信，只有女性拥有了尊严与美，成就家庭和事业两个维度，才能真正实现人间大美。

如今，她正全力以赴，努力践行，今后，她将继续高扬皮尔·卡丹皮具代言人及环球夫人的精神力量，坚持公益善举，坚持美善同行，将生命的色彩照进天地万物，将区区小我汇入世间大爱，做好那一股清流，涓涓涌动。

2016
第二十届 MRS.GLOBE
环球夫人大赛

MRS.GLOBE
环球夫人

很多成年人眼中的艰辛，被她的强大心脏一一化解，她觉得一切都有趣，一切都是天意，生活的意义就是遇到未知的自己。

MRS.GLOBE

环球夫人教会我：女人应该又美又努力

陈依一

心中有爱，一路繁花

“你看，那是我们依一，今天又上电视了。”

“跳得还可以。”

“是，可跳舞终究是青春饭，女孩子家抛头露面的，哎！”

“你呀，现在依一挺好的，当初我们也同意，别总担心啦！”

这是一双父母十几年前的日常对话。

工作再忙，陈依一的爸爸妈妈都会定期守在依一可能出现的那台央视综艺节目前，等着女儿的出现，这仿佛成了家里的一种仪式。

屏幕上，陈依一舞姿优美，挥洒自如，爸爸妈妈很欣慰，毕竟，女儿自己闯出了一番天地，他们也放心了些。

确实，陈依一有如翱翔天际的风筝，她选择了这条生命轨迹，而爸爸妈妈就是拉紧风筝的那条线。

12 岁那年的某天晚上，依一走到爸爸面前，她有些忐忑。马上就要考初中了，其他同学都在忙着复习，但依一的心没在这上面，虽然她成绩很好，但是她不想走考试升学这条路。

两年前，依一想去成都舞蹈学校学习，爸爸妈妈觉得她太小，没有答应。但他们非常支持依一的选择，也希望女儿走出不同于其他孩子的路。这一次，又到了关键时刻，依一觉得很有必要再和爸爸认真谈一次。于是，就在当天吃过晚饭后，依一板着脸，走到正在洗碗的爸爸面前，郑重其事地告诉爸爸，她要去学舞蹈，她就想学舞蹈，以后要是不做这行，她会后悔。

此前，陈依一已经主持过不知多少次学校晚会，做过不知多少次学校舞蹈队的领舞，她心里只有两个字——舞蹈。可是，两年前因为依一太小，爸爸妈妈最终没有答应这件事。

念念不忘，必有回响。

依一成天念叨，爸爸也感受到了女儿的笃定，依一妈妈也觉得女儿是跳舞的材料，既然喜欢，就让她去做吧。当依一再次和自己谈这事的时候，爸爸看了眼旁边的依一妈妈，两个人相视一笑，欣然应允。

“到现在我还记得那天晚上，可以说，我的一生的转折点就是那天。”

于是，12 岁，陈依一离开家去重庆学习舞蹈；14 岁，只身一人到北京继续学习；18 岁，她放弃已经考取的南疆军区文工团，坚持留在北京从事舞蹈事业，直到成家立业、相夫教子，并蜕变成一位“环球夫人”。

“如果时光能倒流，我还会回到 12 岁那年，告诉那个我，跳舞很酷，谢谢你做的这个选择。”说到此，依一满眼泪光。

“少年辛苦终身事，莫向光阴惰寸功。”选择了艺术，就意味着走了一条和同龄人完全不同的人生道路。陈依一自然能体会其中的冷暖悲辛。但是双鱼座的她天生没有“苦感”，她觉得这一切都理所当然，不应该被过分解读。

在陈爱莲舞蹈学校，陈依一每天五点半起床，压腿、伸展，做基本功，白天接受舞蹈和文化课训练，晚上一个人到练功房加量。学校的食堂、教室、练功房、宿舍，四点一线，构成了她的日常轨迹。校园的围墙挡住了外面的多彩世界，只把清苦的训练留给了学舞的女孩。

“跳坏了几十双舞鞋，如果腰下不去，同学们要互相压，脚上的伤到现在都没好。”陈依一这样描述练功的辛苦。

年复一年，日复一日。实在太累了、想家了，陈依一就回到宿舍捂在被子里大哭一场，之后便恢复如初，她知道，青春时流下的每一滴汗水，都是前路上的基石。她不能停留在那些小心思上，她有更多的事要做。难怪同学们当时都很惊讶，这位陈同学似乎永远不会抱怨，整天精神饱满。

确实，很多成年人眼中的艰辛，被她的强大心脏一一化解，她觉得一切都有趣，一切都是天意，生活的意义就是遇到未知的自己。

“做自己的主人。”采访中，陈依一不止一次提到过这句话。她从来不是乖乖女，不是别人眼中的贵妇人，她要成为那个唯一的自己。十几年来，她把她的演艺生涯带到了 2008 年北京奥运会闭幕式、奥运会开幕式倒计时 100 天“同一个世界，同一个梦想”主题庆典以及各种类型、各类级别的文艺演出中。此外，陈依一的演艺事业不仅限于舞蹈，她曾参与的女团演唱组合和主演的影视剧作品都广受好评。

即使是成家立业，即使丈夫不太希望自己参加比赛和演出，陈依一总是以女性的柔情去化解，她相信，婚姻就是艺术，缺少了精神的艺术就不会是精品，而婚姻艺术中的精神，一定包括女性的独立、对社会的爱和对家庭的终极责任。于是，她尊重丈夫，也更尊重自己的内心召唤，在各种各样的场景中实现着自我，而丈夫也越来越理解她、支持她。

陈依一总是庆幸，这一路走来她都很顺，凡有难处，便会有人主动帮她、指点她。

曾经以为自己真像朋友口中的那样——“是她命好”，其实，后来她才意识到，命是先天的，感谢父母的给予，而命更是自己勤奋努力和集善成缘，才让她有了那么多朋友。

她说在她眼里没有坏人，留在身边的每一位亲人好友都是天使；她感恩现在拥有的一切，感恩曾经帮助过她和她给予过帮助的人，她都视为生命中的贵人，会一直珍惜！

她更是挚爱舞蹈，因为有了舞蹈，她才会步步生莲，一路繁花。

二
把最好的呈现给世界

三里屯，位于北京东二环和东三环之间，寸土寸金。

这里是全北京甚至全中国文艺青年的精神圣地，除了酒吧、歌手，还有美食。

陈依一的中式牛排连锁餐厅，就有一家开在这里。

上午十一点开始营业，十点半便有人排起了队。网上有人评价说，吃惯了西式牛排，中式牛排更能让人记起儿时的味道。在大众点评网上，食客们更是不吝美誉，晒出比小臂还长的牛大排，显出老饕本色。

“做餐饮特别考验人的本心，如果恶人做餐饮，那就是灾难。”陈依一对餐饮的理解很特别。

每天，陈依一再忙都要到餐厅来一趟，有时甚至要亲自帮忙处理店里的事务。她告诫自己的员工，要像给自己家人煮饭一样对待客人，所有环节都马虎不得。

她的餐厅，名叫牛九分中式牛排，主营福建风味的牛肉菜式。菜品中，最叫座的就数酱烧牛排，这是精选牛大排整根烧制而成的，筋肉搭配相宜，只加一点点香料，完全保留了牛肉自身的香味。一口下去，汁水四溢，唇齿留香。

“我就是想把最好的东西呈现给世界，这很辛苦，但是值得。”严格管理每一种食材的来源，坚守每一道菜的烹制标准，菜品不多，却个个精华，用功虽艰却丝毫不懈怠，这就是陈依一和她的经营团队的美食经，它饱含了大道至简的经营策略和精益求精的美食追求。

现如今，陈依一的餐厅已经在北京开设了三家分店，生意红红火火，她说这是对她最好的褒奖。

除了做餐饮，陈依一还经营着舞蹈学校，虽然现在已为人母，舞蹈不再是自己的职业，但舞蹈是陈依一最擅长的事，已经融入她的血液中了。

陈依一说自己做的事业都是良心活儿，餐饮自不必说，舞蹈培训也是极考验人之挚诚的事。看着孩子们一张张单纯求知的面孔，陈依一仿佛看到了小时候的自己，更增加了育人、树人的责任感。虽然她的学校里聘用的都是比自己年轻的专业舞蹈演员，但有时，她必须亲自上阵教学，忍着已经存在了十几年的脚伤的痛。

其实，陈依一大可不必这么拼的，她早已经衣食无忧。

丈夫做钢铁生意，事业风生水起。儿子聪明伶俐，识文懂礼。陈依一完全可以做个全职太太，享受相夫教子的优渥生活，但是她没有。

“我不喜欢金丝雀一样的生活，那不是我的人生定位。我喜欢别人说我‘又美又努力’。”明明可以生活得很好，陈依一却在家庭和事业的天平中选择了平衡，而非简单取舍家庭或者事业，因为她坚信，女人既要在社会上实现自己的价值，又要以爱和宽容保护好家庭，这才是基本的夫人标准。

把自己最好的东西呈现给世界，这里蕴藏着陈依一对人间大爱的追求。她的爱，没有局限在小家，而是着眼于社会，这正是女性奉献社会的最好典范，也是环球夫人尽善尽美理念的完美映照。

冠军

三
在环球夫人中遇到最好的自己

“真的没想到，环球夫人的比赛这么激烈。”

2016年，当环球夫人大赛落下帷幕时，陈依一接受采访，第一句话便是“吐槽”。

陈依一是竞赛的夫人中年纪比较小的，又是哈尔滨赛区的双料冠军——最佳才艺夫人和桂冠夫人，她曾经是专业舞蹈演员，舞台经验和才艺功底都不错，但是，这一轮轮比赛下来，陈依一的第一感觉就是，优秀的人都很拼，参赛的夫人们都在做最好的自己，没有辜负机会。

陈依一从这些夫人身上感受到了一种力量，一种融合了美丽、智慧、善良和坚忍的力量，这有些出乎她的意料。原本以为就是一场比赛，却在无形中改变了她。那一届赛事上，无论年龄，无论行业，所有的夫人都倾尽全力，从形体到妆容，从谈吐到气质，夫人们在很短的集训时间里爆发出了惊人的毅力和品质，她们在舞台上展现了最好的自己。

那一届，陈依一获得了中国赛区最上镜夫人荣誉，赛事结束后，她在心里和自己说：“女人，除了家庭，还要有自己的事业。”

在参加环球夫人前，陈依一一直犹豫自己要不要重新走回社会，回归舞台，因为先生希望她投入更多的精力在家庭中，她也非常安稳地在家做着全职太太。但是，她也希望用自己的方式去告诉先生：自己除了在家里做个好妻子、好母亲，还能在社会上奉献爱和力量。

在和先生充分沟通之后，陈依一报名参加了环球夫人大赛，而在其中，她坚定了自己的想法。

随着先生逐渐理解和支持她，陈依一的事业仿佛步入了快车道，日新月异。业务忙的时候，陈依一早出晚归，儿子只好由外婆和保姆带着，她心里也有愧疚。但是，她知道自己不能回去，有些人也同样需要自己，做了一份事业，让一些人赚钱养家，这是修路造桥的功业。

有时候，儿子突然会问起："为什么不在家陪我，要去外面赚钱，我们家又不

缺钱。”陈依一告诉儿子，她想用行动证明，妈妈很棒，妈妈能够做到，凡事都要去努力，这样的日子才踏实，所以，儿子也要努力。此时，孩子会似懂非懂地点点头，仿佛悟出了什么道理。

陈依一平时还要做公益，这让她体会到很多忙碌生活中体会不到的人生际遇。每当到敬老院做义工，她觉得时间仿佛会停止，那些饱经沧桑的面容似乎在讲述着深藏不露的故事。这故事，需要静下心慢慢听，才能体会到人间百味。

本就古道热肠的她还主动帮助一些需要帮助的人，特别是自己的巴中同乡。陈依一从来没有忘记她的家乡巴中，她在那出生长大，血脉相连。巴中是革命老区，还有不少乡亲生活很贫困。陈依一心心念念，为之各方奔走。她与当地红十字会合作，定期举办捐款捐物活动，不少老乡都知道这位住在北京的同乡，亲切地叫她幺妹子。

用美丽与智慧赢得属于自己的骄傲与尊重，用感恩的心回敬社会。陈依一真正践行了环球夫人的理想宗旨，当之无愧。

一百多年前，挪威著名剧作家易卜生有一部经典剧目，名字叫作《玩偶之家》，主人公娜拉因为意识到了家庭中夫妻间地位的不平等，愤然离家出走，追求女性的解放，这是彼时的世界样貌。

而今，千千万万像陈依一一样的中国女性，正心怀大爱与至美，演绎出世间最动人的篇章。

MRS.GLOBE WORLD THIRD WINNER

MRS.GLOBE
环球夫人

韩微微

每一个不曾起舞的日子，都是对生命的辜负！

尼采的这句话，就是微微的座右铭。驻扎伦敦的学生记者，英国大众传媒硕士研究生，CCTV《心理访谈》的编导，国际电视台媒体公关总监，爵士电台音乐 DJ，万人求实教业集团二代掌门人，环球夫人全球总决赛季军，联合国妇女署“特殊贡献奖”获得者……2017 年她怀着 8 周的身孕震撼全场，站在环球夫人世界总决赛全球季军的领奖台，当主持人问到她作为环球夫人，会有什么新的人生规划时，她淡淡一笑：“如果我肚子里的是一个女孩儿，我希望她 30 年后也能站在这里，并且比我更棒！做女人真好！”虽然事与愿违，三儿子在七个月后诞生了，但整个孕期我们都看到一个健步如飞的孕妈用她一场场的宣讲，将满满的正能量，传递给一批又一批女性。微微被很多学生与家长赞为女神，因为她的人生活得漂亮，拒绝富二代，甘做创二代，她的人生就是无尽的折腾，正是印证了那句话——不做别人的公主，但做自己的女王！

MRS.GLOBE

每一个不曾起舞的日子，都是对生命的辜负！

一
女人如花，人生如梦

父亲是北方人，母亲是上海人，造就了她身上不仅有北方大妞的豪爽和大气，也有南方女子的细腻与雅致。当问及她人生中对自己影响最大的城市，她毫不犹豫地回答：“上海！”

女人如花

作者：韩微微

9 岁那年，站在上海徐家汇天桥上，瞳孔里尽是霓虹反射。那一刻，我觉得自己特别渺小，血液透过每一根毛细血管在膨胀。那一刻，我暗暗发誓，我，要成为这座城市的主人。

高考、留学、读研、回国——拖着一个大得足够装下一个家的皮箱从出租车上下来，心中满是憧憬，我，终于来到这座梦中的城市——上海，并将在此开启一段未知但一定精彩的人生，那年我 24 岁。

那天，初雪，我站在徐家汇人流穿梭的天桥，鼻翼两旁飘过不同的香水味，那是上海女人留给我印象最深的味道。那一天，意义非凡；那一天我成为她们中的一员；那一天，我拿到了这座城市的身份证，成为一位上海女人。那年，我 26 岁。

我深爱这座城，爱她藏在每一丝空气中的妩媚与娇柔，精致与时尚。除了巴黎，我从未见过一座城，女人可以活得如此女人，对自己可以疼爱得如此嚣张。这座城，赋予女性至高的尊严与权利，她们懂得生活，懂得爱自己，懂得捍卫不可妥协的底线，懂得坚定不可动摇的目标与方向。她们懂得投资自己，穿梭于各种英文学校，舞蹈工坊，钢琴教室，声乐培训，才不是为了孩子，而是为了自己。

作为女人，上海这座城市，教会我了太多太多。有人问我，如果有来生你愿变成什么？我依然想做女人，如梦般的女人。当我面对镜子，看到的不是岁月的流逝带来的容颜的憔悴，而是眼中的自信与沉淀，经历带来的包容与宽广。

2014 年 8 月，温哥华的傍晚，我怀抱一个月大的儿子，电话铃响了，是 Mrs. Globe 的神圣邀约。看着镜子中身材还未恢复的自己，我迟疑了，我可以在两个月之内恢复到原来的自己吗？一千个理由说服我安逸地活，却有一个不安分的理由就够了。我想，也需要变成更好的自己！

佳丽们风姿绰约，律师，医生，总裁……各自带着故事，各自带着传奇；彼此传播着优秀，彼此给予着激励。无数优秀聚在一起，不由感叹做女人真好。最终，抱着 5 个月大的儿子，牵着 5 岁的女儿，自豪地站在那里，闪耀地告诉世界：“我，可以！”那年，我 33 岁！

2017年12月，深圳君悦酒店的房间里，孕吐让我无力站立。我再次怀上了宝宝，但心中却无比挣扎。为了这一天，我等待了四年。认真备赛数月，从服装到形体，从化妆到摄影，却在签到大赛的当天，被这突如其来的孕吐打击得措手不及。我怀念四年前的这个赛场，它让我看到各色人生的精彩，知道自己的努力空间与距离，我认真备战了四年，准备出更好的自己，想再次站在那里。可是，面对这意外来临的宝贝，我是否应该放弃？

我选择隐瞒家人，选择继续。排练、公益、外景，每天马不停蹄，体重直线下降，却有一个梦想撑着我坚强地走下去。大巴车上吐了，有美国夫人递来的橘子；电梯口吐了，有白俄夫人拍着后背，告诉我，“我懂得你的感受，我也是三个孩子的母亲。” 站在午夜的舞台，倒数着决赛的日期，却未曾想过放弃，最终站在全球季军的领奖台——我流泪拥抱了姐妹们，也想感谢你。感谢你，Mrs. Globe， 22年为数十万全球女人编织的这个梦；感谢你走遍100多个国家只为将美与善行传播。感谢你把更多的风华绝貌带到这里，她们会变成更好的妻子，更向上的母亲；感谢你Mrs. Globe，改变了我们，改变了家庭，改变了世界——关于女性的传奇！

三 无折腾，不人生

微微的人生尽是折腾。对纪录片的痴迷让她在《三峡移民》摄制组苦中作乐。她直面高端，直击微软前总裁陈永正，揭秘谷歌前总裁李开复别样人生，对话阿姆斯特丹市长的水城情结。她站在CCTV模特大赛领奖台，却不迷恋水银灯的光芒，只为用心感受时尚真谛，将马艳丽、姜培琳的美丽宣言传播给更多女性。

从香港电影金像奖到A1大奖赛，都有她举起话筒间的从容一笑。告别镜头，戴上耳麦，SoulFire电台掀开她人生新的精彩。渴望能用声音触碰到听众朋友们心灵的更深处。

教育开启了她人生新的篇章，创二代的精神与魄力，使她37岁怀着5个月的身孕，登上了《当代教育家》封面人物，而微微却把这本杂志压在了箱底。她说过去的就已经是过去了，我更在乎的是如何去攀登下一座高山。

微微的低调处事，一直是受母亲的影响。母亲张建平，是中国私校圈里风云人物。39岁自主创业，1993辞去公职，创办本市第一所私立学校——求实中学。著有《为女儿办一所学校》，她的《风雨彩虹求实路》被收录进《中国教育家系列丛书》。“少说话，多做事”的家训造就了微微简单、低调的性格，如果用一种东西来形容自己，她希望自己是一杯“柠檬水”，清澈见底，用自己的简单去化解世间的繁杂与污浊。

众多称呼里，让微微最爱的就是一声“老大”，走在校园里迎面而来的老师与孩子总会嗲嗲的叫声“老大”，毫无架子，暖意迎面袭来，这是第一届毕业生送她的昵称，就这么一届届传下来了。漫步她的校园中，咖啡厅，游泳馆，画廊，旧厂房改造出的高中创业中心，浓浓的沪上海派文化浸泡出的小资情结。所以这里的孩子因为创始人的不同，也呈现出不同的气质。西装笔挺，见人问好，为身后人扶门，弯腰捡起纸团……他们每个人都深知人与人的 “七秒钟印象理论”，校园里随便一个翩翩少年都有可能是在世界级模特大赛的金奖选手。她经常给孩子写信，教会他们做一个眼中有光，心中有爱的人。一个好的教育者就是要在孩子的生命中留下些美好的痕迹，微微做到了！

亲爱的，请带上你的灵魂前行

作者：韩微微

亲爱的，请带上你的灵魂前行，无论将来，你要去哪里的哪里，请一定确认，你的灵魂，一直伴你前行。

问问灵魂，你是否丢失了你的梦想，一个没有梦想的人，只能被称为躯体，躯体在这世界徘徊，只会留下一片空白的人生，终有一日，当我们走到时间的尽头，

回头看去，只会是满世的虚度与悔恨。拥有梦想的人，一定知道自己前行的方向，即便通宵达旦，彻夜前行，也会苦中作乐。没有人可以主宰你的人生，也没有人会陪你走完始终，幸福或苦难，冷暖自知，车外沿途的风景，各不相同。灵魂注定孤独，但要坚定。

我不祈求你们的大富大贵，只盼你们在最美的年华，保持着对世界的好奇，走不同的街，见不同的人，遇不同的事。也许会有那么一段旅行，那么一个人，那么一句话，那么一个瞬间，突然就触动了你的灵魂，从此使你脱胎换骨，相见恨晚，傻傻痴迷。世间再变幻，恋人再背叛，你都会有一个独属于自己的角落，可以重新修复自己，满血复活。你不需要谁来认可你，因为你就是自己最好的作品，你就是自己最大的认可！

问问灵魂，你是否丢了，你的修养，没有修养的灵魂，是可怕的灵魂，它们飘过这世间，所到之处，一片狼藉。没有人会告诉你，孩子，你的修养很差，但这并不代表他们不做判断。一次饭桌上，一个孩子将桌上的转盘飞速地转动，一桌人全都目瞪口呆看着食物从眼前飞过，却没有一个人开口阻拦，因为他们看到孩子的母亲对此无动于衷。席间，母亲带孩子离席方便，一桌子人突然像炸锅一样议论起来："这孩子真没有教养，父母也不管管，长大了还了得。"所以在中国，不会有人直面地告诉你："孩子，你真没修养！"除非你自己意识到这一点。修养并不是指被香奈儿与爱马仕包裹的躯壳，即便是从一辆法拉利上走下来，一句不经意流出的脏话，不经意坠落的纸团，都会出卖你的灵魂。你们即将起航，身上会贴上一个统一的名字"中国人"，请带上我们中国人的教养，让全世界为你竖起拇指！

问问灵魂，你是否放弃了你的经历？人生就是一场旅行，虽说最终总会绕回死亡的终点，但这不代表我们就可以原地不动。人生不过短短 20000 多天，有的人，从未起航，他们惧怕失败，但他们最终却是人生最大的败者。有的人却在最美的年华，扬着小帆，迎着朝阳已经上路，就像现在的你们。

亲爱的，请你带上你的灵魂前行。人来到这个世界上的概率，是数学中极小的百分比数字。我们都很幸运，被父母赐予了肉体，而我们的生命是否伴随灵魂，全由自己决定！

三
成长合伙人

夫妻就是相伴成长的一对合伙人。现代社会，破坏婚姻的头号杀手并不是忠诚问题，而是一方已无法跟上另一方的成长脚步。婚姻并非只是让情侣关系终结或者凝固，它需要夫妻双方用心经营。相爱只是一瞬，相守却是一生。没有人可以持续地爱一个人，真正的爱情，是在漫长的生活中一次又一次重新爱上对方。

幸福是女人最好的妆容

作者：韩微微

我和先生是小学同学。13 岁，毕业的那年夏天，他向我表白，我拒绝，这就是我们小学唯一的交集。后来，我上了名校，他去了职高；我出了国，他去了深圳；我在英国图书馆写研究生论文，他在深圳华强北扛麻袋、装电脑；我进了上海的外企，他在深圳开了工厂……很多人都觉得我们不在同一个世界，我开始也这样认为。

20 年后，我们再次相遇，他说我是尘封在他记忆中的那个宝盒，很多年扒出来，吹开尘土依然心动如初，我被打动了……那时我已经从上海回到家乡创业。我们两个的爱情日记是一沓往返于深圳与郑州的登机牌，半年间，他飞成了深航的金卡会员。最终，为了我，他放弃了深圳的一切，回来了。

他爱冒险，我求安稳。他带着我做了很多在我看来疯狂的事——我们带着女儿与 5 个月大的儿子自驾 6000 公里，环游美国西海岸；浸泡在马尔代夫蓝中深潜；

驾着直升机掠过塞班岛的林尖；在极光下被冻得瑟瑟发抖。有一次，8000 米跳伞，他竟然害怕了，“老婆，我们还有孩子啊”，我就一脚把他踹了下去！

朋友都说，跟他在一起之后，我的笑容都改变了，更接地气与自然，我想婚姻就是一个释放真我的港湾。

我们相约，每五年就要做一件新鲜的事——换座城市，换个房子，换个产业，甚至生个孩子。生命在于不停的细胞代谢与更新，爱情也一样。2017 年年底，我肚子里怀着八周的宝宝，站在环球夫人全球总决赛的领奖台上。他拉着女儿，拽着儿子，手里端着一碗清汤面，在台下等我——这就是他对我梦想支持的方式。

我双鱼座，他金牛座，我负责做梦，他负责造梦。今年，我们给了自己一个更大的挑战——去佛山，一个陌生的城市——做一家孩子真正喜欢的幼儿园。我自己有三个孩子，周末每每带他们去游乐场，他们就像换了一个人似的，兴奋、畅笑、不愿离去，那才是孩子应有的模样。于是我想，如果把幼儿园建到游乐场里，那会

是怎样的效果。我把这个想法告诉了先生，他欣然应允。我们拿下市中心的一栋楼，找来了知名的国际设计团队，一年后，我们的网红幼儿园开业了！

回想过去，2011 年我抛下上海的一切，回到故乡从零开始创建了求实国际；2019 年，我又再次回到原点，来到佛山，二次创业。陌生的城市，我们从别墅搬到了公寓，之前的资源几乎归零，从头开始……我们一起在烈日下跑办证大厅，一起展会上采购教具，一起熬夜准备材料，一起分析问题，一起商讨解决方案……在每一次绝望中互相安慰，在每一次进步中分享快乐。

妈妈很心疼，问及很多次，“何苦，回家过衣食无忧的生活可好。”而于我而言，人生就是一列开往死亡的列车，沿途的风景才是生命真正的意义，一路的春暖花开固然美好，但我希望我的旅途有风雨，有彩虹，有泥泞，有蜿蜒，如奇遇记一般曲折，但有趣。当有一天，我们可以笑着去说那些让我们哭过的日子，我们就再次成长了。我喜欢尼采那句话：“每一个不曾起舞的日子，都是对生命的辜负。”我希望把每一天过成典藏版。我希望攀过生命中一座又一座更高的山，不逼着自己拼命往上爬，你永远不知道自己真正的实力在哪里，我希望不断了解、刷新更好的自己。我希望 80 岁时，坐在摇椅上细细品味一生时不会为虚度的光阴，搁置的梦想，空白的灵魂而后悔。我会笑着迎着夕阳，满足地回顾这无憾的一生——而这条路上，一直有他陪伴前行，共同成长，共同疗伤。我在哪，他就在哪；他在哪，家就在哪！

S. SOUTHEAST ASIA
GLOB

许多年以前，浙江、温州、乐清。

斜阳正好，照得回家的小街红彤彤的，街上的两个小朋友正边走边聊。

“哥哥，以后如果有人欺负我，你要帮我！”

“哪个敢欺负你，我打断他的腿！”

小女孩听了很满意，拉着哥哥的手，蹦蹦跳跳地穿过宁静的小街，朝家里走去。

彼时，小女孩5岁，哥哥9岁。

这是两个孩子的对话，女孩叫陈玲莹，男孩叫李建乐，他们其实是邻居，并没有血缘关系，后来，他们成了一家人。

青梅竹马、两小无猜，向来是美好爱情的象征，而李建乐和陈玲莹，四十余载相亲相爱，便是天赐良缘的人间写照。

山水相依，此生足矣

陈玲莹

MRS.GLOBE

一

一个人，一辈子，一生情，一起走

1989年7月，时值初夏，田野里绿油油的，一列绿皮火车慢慢悠悠地穿行于其中，正从北京开往浙江杭州。车厢里人很多，不少人没买到坐票，只能站着，有些人干脆躺在座位下面躲避拥挤。车里空气闷热，车厢与车厢连接处挤满了人，烟雾缭绕。

车厢里的某排座位上，一对年轻的情侣靠在一起，一路无话。女生偶尔会向窗外看几眼，北方的景色对她来说还很陌生——刚去北京没多久，现在就要回去了。男生没什么表情，眼睛直直地看着前方，充满不甘。

他们是年轻的李建乐和陈玲莹。此时，李建乐在北京做生意受挫，曾经在王府井某商场里承包的24个铺面，一夜之间被收回，血本无归。此刻，他们正赶回浙江老家休整，准备东山再起。

李建乐大陈玲莹4岁，是陈玲莹哥哥的同学，“我们是邻居，小时候，他就在我家写作业，也经常在我家吃饭、睡觉，我就当他是哥哥，爸爸妈妈也把他当儿子看待。”

十几岁时，情窦初开，陈玲莹觉得身边的这位李姓哥哥给自己的感觉不同了：他不再顽皮，不再惹自己哭，而是认真做事，善良体贴，他说过，自己不会活在别人的期待里，这句话深深打动了陈玲莹。

后来，李建乐去了北京做生意，这一走，陈玲莹才知道，他对自己意味着什么。

“相思相见知何日？此时此夜难为情。”这份情很真，很纯。

终于，年岁再大了些，陈玲莹告别家人，也登上了北上的列车，本以为在一起相亲相爱，好好做一番事业，但天不遂人愿，两个人又从北京回来了。

“这一路，我们就像暴风雨中的海燕，从未停止翱翔。”陈玲莹语气坚定而自豪。

从北京回来后，他们做过各种各样的生意，亏的赚的都有，最终，他们投身建筑行业，专门从事室内外涂装，生意越做越大，事业越做越强。

陈玲莹感恩这一路而来的经历，更感恩家人。

陈玲莹爱惜家人，但爱得有原则，她不会骄纵任何一个人。“有底线的和谐才是最难得的。”遇事她不会独断专行，而是充分征求意见，最后综合做决定，这个风格也许和她的家庭背景有关。她出生在温州乐清的一个小康家庭，父亲从二十世纪七十年代末便开始做生意，家境殷实。

“父亲母亲关系很好，家里从来没有坏情绪，我们想要的都会尽量满足，但必

须合情合理，有节有度。父母对我们管教很严，但这严并不是家庭恐怖，而是有原则的爱。”

她也同样感恩先生。“不管生意做得好或是一般，我从来没有质疑过先生。他是个顾家的男人，做事业很难，我们是彼此的依靠。”陈玲莹满眼泪光。

经营好家庭，让家充满爱，陈玲莹居功至伟，先生李建乐同样用心良苦。在中国，做生意难免要应酬，但他推掉应酬、谢绝饭局，没有特别的事便按时回家，陪伴家人。作为父亲，他给家人带来的沉稳和踏实，是一份低调而厚重的爱。

采访中，陈玲莹数次提及自己与先生的创业史，那份相互的支持和理解令人动容。从创业，到参加环球夫人大赛，到踏上戛纳电影节红地毯，先生一路相伴，他有如撑起的巨伞，护佑着陈玲莹和这个家风调雨顺。

“愿得一人心，白首不分离。”“携子之手，与子偕老。”古典爱情诗句再动人，都不及陈玲莹这般鲜活、真切。过去已去，未来已来，陈玲莹和先生的爱情故事还远远没讲完，神仙眷侣的人间传奇还将继续。

夫妻二人与孙子、孙女同台

二
生活如素锦，风雅皆由己

乐清，一座优雅的四合院里，陈玲莹一身素雅，正将刚刚沏好的茶缓缓倒入茶盏，顿时，氤氲四溢，香而不浓。瓷盏中，茶色淡绿，均匀剔透，美不胜收。

陈玲莹是这座四合院的主人，她喜欢在此招待朋友。

平日不忙之时，她便会和先生一起，邀约三五好友来此小聚。一盏清茶，一碗素面，消遣半晌时光，怡然快活。

若是下雨天，陈玲莹喜欢一个人坐在屋檐下，细雨朦胧，悠品茗香。“茶里有哲学。品茶就好像我们人一样，前半程浓烈，后半程淡然。如果一直浓烈或者一直淡然，人生就少了反差，就不会有起伏的美。”

陈玲莹做过小生意，一笔赚几毛钱；她更做过大生意，日进斗金。她说钱对她是一种符号，是关系到自己选择的符号。“生意好，项目对，回报就高，当一个人在成百上千的项目中选择时，映照的是人性。”

的确，能力与资源、胆色与财力，人际与决断，人品与底线，做生意就是做人，选择生意，是对企业家个人品行和人生状态的拷问，只有做生意的人才会真的懂。

陈玲莹喜欢喝茶，也喜欢泡茶。清水煎茶，是水给了茶叶第二次生命。茶树梢上的新芽，被采撷而下，定格在永恒的时间点，之后又在滚水中重生，片片新绿，尽情绽放。这像极了企业家浴火重生的创业经历和品格。

可陈玲莹不仅有闲居雅舍的一面，也有登堂入室的一面。她穿得上烟萝纱衣，也配得上锦衣华服；住得下四合院，也走得了戛纳红地毯。生活有如素锦，在她的笔下精彩纷呈。

2018 年，作为环球夫人东南亚总冠军的陈玲莹受邀踏上法国戛纳电影节红毯，身着百万礼服、乘坐礼宾车、走巨星通道，就座第一区观影，备受瞩目，她也成为温州史上第一位走上戛纳红毯的女企业家。

“很荣幸能够以中国女企业家的身份走巨星通道，亮相红毯，这对我来说是一段美好的回忆，对温州的女企业家或者女性来说，可能是一种象征。”陈玲莹不无自豪。

温州人吃苦耐劳，被称为中国的犹太人，早些年，他们靠着“三把刀”（裁缝用的剪刀、厨师用的菜刀、理发用的发剪）艰苦创业，之后在贸易、轻工业、金融等领域引领先河，凝聚为中国不可忽视的商业群体——温商。

然而，这段艰苦创业的历史，特别是其中的女性群体，却为外界所知甚少。陈玲莹想告诉世界：温州女性不仅是生意场上的弄潮儿，更能登临时尚殿堂，一展女性魅力。在戛纳，她获得官方颁发的亚洲时尚人物奖，为温州女企业家画上浓墨重彩的一笔。闭幕式上，她身着极致简约的黑白色礼服展现给世人，在奢华明艳的舞台上展示了中国女性的温雅和智慧。

颇为引人注目的是，陈玲莹与先生共同出席戛纳盛典，出双入对，恩爱有加，将温商和谐美好的家庭状态也展示给世界面前。未来，陈玲莹希望不仅和先生一起走红毯，出席盛典，参与公益，她希望能和更多身边的朋友一起，分享光彩和舞台。如今，作为环球夫人东南亚形象大使和环球夫人中国宁波赛区荣誉主席的她，正在为释放更多女性色彩尽力而为。

“人是要活给自己的。一生很短，总要活得精彩。我们谁都掌握不了人生的长度，但一定要扩展它的宽度。”陈玲莹对这句话感悟很深。她的生活，时而浓墨重彩，时而淡然超脱，一派自在与写意。

三
爱小家，爱大家

“我们和其他企业家有所不同，做事业的同时，我们没有放弃家庭。我和先生始终认为，家庭之爱，是人世间最美好的事之一。”

做生意多年的陈玲莹一直坚信这样的想法：生意只要做就是了，赔的钱一定会在其他地方赚回来。可是，家庭中的感情是赔不起的。

一路走来，陈玲莹与先生始终结伴发展，互相支持，但关于公司发展战略等问题，他们难免有不同意见。但她与先生李建乐从来没有把这种事业中的分歧带到家庭中，两个人商议决定，回到家中不谈工作，更不能在孩子面前表现出情绪。

“孩子们需要的是父母之爱，而不是要知道父母在赚多少钱。”陈玲莹一针见血。对于她和先生来说，家是动力和归宿，是他们数十年来奋斗不息的最终目的。

如今，陈玲莹已经“晋升”为奶奶，她坦陈，自己“主持”了家里的事务，但没有“操持”家里的一切事务。在她眼中，孩子们要有自己的生活和事业，不应该依附在父母身上，成家之后就要立业，这是再简单不过的道理。

和对儿子一样，她和先生从不溺爱孙辈，他们明了温州人身上的品格——自立自强，不甘人后。他们不会因为现在条件优渥，就让孩子们失去了这种宝贵品质。如今，全社会都在倡导家庭教育，最好的教育不外如此吧。

可贵的是，陈玲莹不仅爱小家，也爱大家。几年来，她组织并从事的公益事业不胜枚举，她真心感谢环球夫人大赛对公益事业的专注，这在某种程度上也改变了她的生活。

“以前做公益，无非就是捐点款，往往和治病救人有关。现在，我的动机和动力不同了……”环球夫人大赛关注女性成长和成就，旨在推重女性参与社会分工，收获事业。陈玲莹从大赛中获得了更高的视角——重视对女性心灵的改造。

陈玲莹将自己的故事说给其他女性听，以现身说法去感染周遭的人，那位环球夫人和踏上戛纳红毯的女企业家不见了，她变成了邻家姐姐，将自己的故事娓娓道来，将自己寻找人间大美与大爱的尝试和盘托出。

“很多人误解选美，可我们自己不能误解。”陈玲莹深知，环球夫人将选美作为契机，公益和慈善才是最终目的，“离开了精神内核，选美就成了无魂的皮囊。”

在获得环球夫人大赛的殊荣后，陈玲莹在自己的四合院里辟出一些空间，将参赛的影像展示出来，“我这么做不是要宣传自己，而是告诉来做客的朋友，环球夫人大赛是多么好的比赛，每位选手都是那么努力。”

陈玲莹坦言，成为环球夫人之后，做事是有使命感的，这种使命感能够提升人的境界。

作为环球夫人，最大的困难就是突破自己原有的认知障碍。过去，因为年龄和学识的问题，陈玲莹失去过一些好机会，她曾经为此懊悔过。但现在她不再纠缠于过去了，她的眼中，尽是未来。

突破原来的自我，重新定义自我，这是心灵上的突破，也是环球夫人大赛给选手们最大的震撼。“现在企业都请明星来代言，为什么企业主不能站出来为自己代言呢？只要敢想敢做，没有什么是不可以的。”

东方女子内敛羞涩，留给世人的印象多是相夫教子、主内安家，但在商场中历练多年的陈玲莹勇敢走向前台，为自己和企业代言，这本身就是女性自我价值的彰显，是环球夫人大赛的精神。

“没有什么是不可以的”，陈玲莹夫人的过往，是用爱和坚守凝练的历史，是女性自强自立和认真做自己的美好历程，今后，以爱铸成的家庭方舟和以责任造就的社会巨轮，将继续远航，直到大美彼岸。

2017
环
大赛

MRS.GLOBE
环球夫人

小杰站在舞台之上，头戴皇冠，自信迷人，落落大方，她感谢在大赛结识的一群珍贵的夫人朋友。

MRS.GLOBE

木棉致橡树：我爱你，也爱自己

唐小杰

一
春风得意马蹄疾

中国人自古便有驭马之术，缰绳松紧之间，便如人生进退，需有度，才有得。古人扬鞭策马，春风得意，一日看尽长安花；今人驾马而驰，意气风发，感受自然。一如生肖属马的唐小杰的真实写照。

在唐小杰的国际农旅交流基地中，不乏商业精英携家眷而来，或缓步前行，看陌上花开；或品瓜赏景，酌一壶佳酿。这正是唐小杰所希望的场景。在她看来，城市的钢筋水泥掩盖了自然的美好，人与人缺少农耕时代的温情，于歌舞交际、觥筹交错中谈生意，冰冷而残酷。唐小杰更喜欢在与动植物的接触过程中，处于一种放松的状态下，和别人分享自己的想法、主意。

自然的魅力是难以抗拒的，一花一木、一叶一石都是自然孕育而成，生命更是自然独一无二的巨作，它至为灿烂、至为珍贵，而又永不重来，所以让人敬畏、珍重。唐小杰便是抱着这样的想法，重视身边的一切，无论是工作事业还是家庭孩子，她都不愿敷衍以对。周一至周五，她全身心投入于工作之中，和丈夫分工明确，各司其职；周末她便会带着两个孩子回归自然，骑马看花、庄中漫步……小长假的时候，就带着她们去公司分布于各地的基地玩耍，基地的条件有好有坏，她并不会刻意挑选目的地，该去哪儿便带着孩子过去，让孩子自己去感受、体验，体味人生。

唐小杰热爱土地，但这份喜欢并非天生，儿时的她对土地其实是有一份敬畏的。

小杰出生于辽宁大连，这座城市靠海而建，发展迅速，是一座国际化的大都市。在小杰年少成长的岁月中，妈妈为了激励她学习，惯用的一句话便是："你要是不好好读书，我就送你去农村种地。"这话的潜台词是农民很累，农业最苦，没有出路。妈妈的话在潜移默化中影响着小杰，让她对农业、土地产生了一份恐惧，在这份恐惧的驱使之下，小杰拼了命学习，从小学初中到高中大学一直都领先于同龄人，是名副其实的"别人家的孩子"。

不过认真读书的小杰并不是书呆子，大学期间，小杰担任了文艺部长，负责学院里的文艺演出，她既是策划者，也是编剧、导演，由她所指导的每一场晚会都好评如潮。这也使她信心十足，开始尝试编导小品、话剧，还拿了大奖。这其中有天分的因素，也离不开唐小杰的勤奋。四年的大学时光让唐小杰收获颇多，为了满足身体里天生的不安分的因子，毕业后又申请去了澳大利亚的墨尔本澳津学院留学，在异国他乡，她也很好地适应了当地生活。漂亮、自信又有才华的姑娘宛如金子，在哪儿都可以发光。

学成归国后，小杰的人生也开始了一段新的旅程。若将之前算作 1.0 时期的话，那么接下来便是 2.0 时期了。小杰在澳大利亚学的是教育，再加上实习期间也曾带过非英语国家的留学生，她很了解一些国家的教育方式和方法，因此，回来之后，她选择到北京，投身到英语教育行业中了。

为了积累经验，小杰最初在培训机构里做英语老师，在熟悉了行业和机构运作规则后，她便辞职创业，注册了自己的公司，主攻的是英语培训，后来又慢慢发展出了出国留学咨询、办理、对接等业务。小杰还不满足这些业务，她决定注册一所学校。在当时的北京，以社会力量创办学校很困难。但是小杰天生不服输，越是硬骨头越要啃，她自己一个人跑部门、办手续，最后成功取得了办学资格，成立了圣恩欧亚教育培训学校。

小杰全身心投入到学校的运营之中，在事业做得风生水起、蒸蒸日上的时候，她遇到了一个将改变她一生的男人——宋绍堂，也开启了她的 3.0 人生。

二
素衣纤手做羹汤

关于宋绍堂，网上对他的报道颇多，“老宋瓜王”这一名头也是众所周知的，宋家三代都投身于西瓜产业，造就了一段传奇故事。

其实，若只看外表气质，唐小杰和宋绍堂可谓是两个世界，留洋回来的唐小杰热情开放、漂亮大方，宛如一团火焰，明艳动人；而宋绍堂从小跟着父亲从事西瓜的耕作，朴素务实，保守勤劳。然而，人与人之间的化学反应就是这么奇妙，相爱从来不是别人嘴里的评头论足，而是彼此心中的真实感受。对于唐小杰而言，宋绍堂便是那个可以让她“落地生根”的人。

“那时候的我大概是在天上‘飘着’的吧。”小杰回忆起青年时的意气风发，脸上带着笑意，如是说道。

在遇见宋绍堂后，小杰开始了解那个曾让她惧怕的农业，她发现，农业虽然辛苦，但能给人一份脚踏实地的安全感，正如宋绍堂其人。宋家是种瓜世家，宋绍堂的父亲更是攻克了西瓜不能重茬种植的世界难题，取得专利，所谓子承父业，宋绍堂自然而然地接手了父亲的事业，在这个行业做得更出色。这个男人不会甜言蜜语，也不会巧言令色，只是一味地低头工作，唯有在谈到他家的西瓜时滔滔不绝，怎么种西瓜、如何选土地……这些东西他烂熟于心，讲起来也头头是道，没有丝毫夸张。

“在看到我先生第一眼的时候，我就觉得他是个特别踏实的人，在这个社会上，像他这样的人少之又少。我是一个很理性的人，我清楚地知道自己需要的便是他这样的一个丈夫，所求的也只是一个温暖、安全、稳定的家。”

可婚姻并非一时的心血来潮、两个人相互许下承诺便罢了，而是需要双方悉心经营的。宋绍堂对小杰从不隐瞒，因此也很直白地告诉了她自己的想法。

“小杰，你是一个留洋回来的人，你有着国际思维，热情、开放，也很时尚。我就是一个土生土长的北京人，一个从农民慢慢做起来的农民企业家，我知道咱俩差距特别大。我相对比较保守，所以，我希望我们农业人的妻子永远能够安分守己，不要抛头露面。”

为了让宋绍堂安心，小杰答应他婚后不参加任何公开活动，那个在出国服务领域渐露锋芒的唐总消失了，她敛起一身光芒，退到先生身后，专心辅助他。

时间长了，小杰发现，先生和公司所有人的重心都放在西瓜的生产种植以及销售上，至于公司的公关宣传和战略规划等，则较少问津。她知道，任何企业都需要出色的策划人才，企业想要发展、壮大，离不开合理的战略规划和适当的公关传播。因此，先生和小杰，一个专攻西瓜产业研究院的创新成果转化，做好公司和基地的管理；一个主抓企业战略规划、品牌推广、公关策划及大渠道运营。两人中西合璧，土洋结合，将公司不断发展壮大，终于使企业成了国际农业的典范——被评选为国际农旅交流基地！

结婚十二载，先生的事业蒸蒸日上，达到了崭新高度，小杰也将自己的工作重心转向先生的企业。为了更上一层楼，小杰又为公司重新设计了战略规划，迅速推广，采访中，她直言，她和先生有一个梦想，那便是把企业做成中国最优秀的农业企业之一。

三
风雨同舟不曾弃

张爱玲曾说，“见了他，她变得很低很低，低到尘埃里。但她心里是欢喜的，从尘埃里开出花来”。因为爱，所以小杰愿意履行婚前的承诺，专心做先生背后的女人，看他功成名就，荣耀万丈。然而傲气可散，傲骨难舍，在内心深处，她依旧是那个傲然于世、永不言弃的唐小杰。

最能体现这一点的便是在对公司发展道路的规划上，小杰比较大胆，追求创新，提倡与时俱进；而先生相对保守，低调处事，只想保持传统，两人的意见相左，时有抵牾。

最激烈的一次是在 2017 年的 7 月，这也是小杰生活的一个转折点。

那天，小杰和先生出去谈事，在车上为了公司发展的一件事争了起来，互不退让，最后以沉默收场。丈夫的激烈反对让小杰既挫败又委屈，多年的放弃、退让、付出好像都是理所应当，并没有换取到该有的信任。这些年，大家对她的称呼都是“老宋瓜王的媳妇儿”，似乎都忘却了她的名字。蓦然回首，唐小杰发现她已经失去了自我，没有任何一个完全属于自己的标签，这样的唐小杰连她自己都快要不认识了。

唐小杰那段时间不想和先生交流，偶然一次翻着手机，看到环球夫人大赛的推广。小杰了解情况后心念一动，便报名参加了比赛。当时她和先生都尚在气头上，所以小杰也没将此事告诉先生。

之后，小杰收到比赛邀请，要求参赛者要身着礼服，准备才艺，这些其实都是小杰年轻时最擅长的东西。然而，结婚以来，她逐渐习惯了“蜗居”于先生的温暖臂弯之中，自信、美丽都消磨殆尽，她已经记不起自己上一次盛装打扮是在何时，又是为了何事了。

然而，向来保守的先生是不可能接受小杰去参加这类选美比赛的，在知道小杰报名后，他言辞激烈道：“女人家抛头露面，让人说三道四，不光彩，你怎么能参加这种比赛？”

“我做什么了？这只是个比赛而已！”小杰也毫不犹豫地反驳了回去，并且将自己收集到的大赛资料发给了先生。

然而，先生根本不看这些资料，当时的他，将爱简化为了保护，还没有体会到小杰想做一个事业有成、美丽漂亮的女人的诉求。

先生的阻碍对小杰的打击很大，也让她对参赛的热情消退了很多，在订购礼服的时候，她暗想：若是礼服准时到了，我便去参赛；若是不能，那便是天意了。所幸，礼服被准时送到，她还是参加了北京赛区的比赛。之后的小杰抱着学习的心态参加各种训练，结交了诸多来自不同行业和背景的夫人们，打开了婚后几乎不存在的社交圈。看到那么多优秀的夫人，小杰见贤思齐，也让她重拾自信，找回了属于自己的光芒。

决赛前有一周的培训，为了全身心投入到比赛之中，小杰将孩子交给了家里的阿姨照顾，这是她第一次离开孩子这么久，虽有遗憾，但是无悔。

在培训中，小杰一直会给大家分享自家的西瓜，若是时间允许，她还会带着其他夫人去园区参观，组织一些慈善活动，这在无形中增加了她的声望，最后，在总决赛预估投票中，她得到了最高票数，脱颖而出。

而决赛中，有如过山车般的经历更是让她历历在目。

决赛的时候，主办方本来是想在第一个环节请外国男模和参赛选手搭档走秀。小杰了解自己的先生，守成的宋绍堂肯定不能接受她和别的男人一同走秀，怎么办？小杰灵机一动，他们本就没有原则性矛盾，何不借此机会和先生和解？于是，她便主动邀请先生做她的走秀嘉宾。

“绍堂，你现在的形象气质已经很好了，我参加大赛既然已经走到这一步了，最后一次亮相，也是最关键的一次亮相，请你支持我一下。”小杰温声细语地说道，“所有人都是外国男模，你呢，是我邀请的，在我心目当中，你跟我气质、气场最吻合，所以你陪我上去，你会给我带来好运的。”

看着笑靥如花的妻子，宋绍堂妥协了，陪着小杰上台，坚持到了最后。当主持人宣布唐小杰为冠军时，这位著名企业家笑得像个孩子。颁奖时，小杰站在舞台之上，头戴皇冠，自信迷人，落落大方，她感谢在大赛结识的一群珍贵的夫人朋友，在她们身上，她看到了自信、自强、充满爱心的新时代女性形象。

环球夫人大赛成了唐小杰人生的一次蜕变，让她变得更自信、更有担当。冠军的头衔是一个开始，她将不忘初心、致力慈善，通过自己的努力将环球夫人大赛“美与慈善”的理念带给更多的人。

这次夺冠让唐小杰美丽重现，也让宋绍堂开始改变自己的想法，甚至，他们关于企业发展的分歧也有了更好的解决方式——充分沟通、思路备案、结果说话。慢慢地，先生开始理解、赞同小杰的想法，放开手脚让她做。

生活本来就不该是单方面的付出，而是需要夫妻的共同努力。一系列经历让小杰和先生意识到：有一些事，若是在客观上无法改变，就在主观上进行调整，从而迎接这个世界的变化。

但无论如何，有一点小杰始终坚信：未来风雨无人可料，但若是身边那个人可以陪着你，便也无所畏惧。

2017
MRS.GLOBE
人大赛
成都赛区

MRS.GLOBE
环球夫人

一年之中，四季交替，万物生长更新，周而复始，道所存焉。

一生之中，四季并行，因时顺心而为，张弛舍得，道尽显矣。

姚金彤，一位美丽而极富智慧之人，她深谙世界之道而不为其所累，用超然的心态从容游走于天地之间。在工作中，她是中清科华集团董事，行事果敢坚毅，不让须眉；在家庭里，她扮演着妻子、母亲和女儿的角色，随处温柔。她对生活充满感恩，说每一种身份都是命运的慷慨馈赠，让她发现自己，延伸自己，最终找到自己，成就自己。

MRS.GLOBE

君如剑，我当如虹

姚金彤

一
四月天，与君初相识

农历三月，草长莺飞，万物皆在自由生长，期待着与美好相遇。姚金彤也不例外，她期待着与美好的爱情相遇。

姚金彤毕业于四川音乐学院，颇具艺术细胞的她，骨子里就带着清高与浪漫，这让姚金彤对于爱情的憧憬，有着少女式的单纯和真诚。

她与先生赵峻的相遇始于一场商业拜访，当时姚金彤在一家 IT 公司做兼职，主要向客户推销中文网络域名注册，赵峻是她的目标客户。

那是一个阳光明媚的下午，姚金彤穿着白衬衫，梳着高马尾，就像是一束光，照进了赵峻的生命里。此次相逢，胜却人间无数。

时日渐长，姚金彤与赵峻越走越近，但她对这份感情依旧保持着谨慎态度。直到有一天，她应邀去到赵峻家做客，出乎意料的是，赵峻的家极其简洁、大气，“尤其是他的卧室”。更重要的是，她注意到赵峻和他父母说话的时候，“特别耐心，特别温柔”。

细节最能看出一个人的品质和真实性格。姚金彤感觉到，赵峻是“一个有责任有担当，对生活有要求的人”。她看到了商场上杀伐果决的赵峻的另一面。“我逐渐开始了解他了。”

最后令姚金彤下定决心的，是赵峻对爱情的果敢与坚定。随着彼此了解的加深，姚金彤的聪慧与善良让赵峻越来越肯定她就是自己想要找的人，随之而来的爱意表达也变得越来越直接。“就像是抢亲一样，他跑到我家里，三下两下把我的行李打包好，直接塞车上就带去他家里了。”姚金彤回忆起这段经历时，脸上仍有掩不住的甜蜜。

而那一年，其实也正是赵峻企业转型的关键之年。

在一次聚会上，赵峻无意间从一位德国归来的科学家那里，接触到干细胞技术及其在再生医学领域中的应用。他敏锐地意识到，干细胞技术研究拥有巨大的前景和空间。

“我从一开始了解到干细胞这个话题，就觉得这是可以放手去做的。”姚金彤始终给赵峻最大的信任和支持。

但企业转型的艰难超出了他们的想象。赵峻停掉了原有公司所有的业务，将全部资金集中投入到干细胞技术的研究、开发和应用中。很快，新公司就面临现金流紧绷这个严峻的现实，甚至连他们的生活也变得捉襟见肘。

姚金彤清楚地记得，赵峻的弟弟结婚，“我们准备送两万礼金”，但就是这两万块钱，最终也是从朋友处借来。从数千万身家，到为两万金钱所难，那段时期，大概是赵峻人生中最艰难的时候。

夫妻二人在新公司附近租了一套民房，只有一张床、一套沙发、几张桌椅。姚金彤买来几块素净的布、几把新鲜的花，给餐桌、沙发略做装饰，简陋的屋子瞬间温馨起来。

也就是从这个时候开始，从来没有做过饭的姚金彤开始学着给爱人做饭、炖汤。“公司离家很近，两边的窗户对着，（我）做饭的时候常常接到他的电话，让我站到窗边来，我们就这样看着彼此，所有的疲惫和压力就烟消云散了。”

桃之夭夭，灼灼其华。之子于归，宜其室家。在爱人得意时，能欣赏他最耀眼的样子；在爱人身处低谷时，又患难与共，不离不弃，这便是对爱情最好的诠释了。

二
生当如夏花，执剑闯天涯

“我的爱情启蒙是舒婷的《致橡树》，我必须是一株木棉，作为树的形象和他站在一起。”

姚金彤说到做到。

一直以来，她都以“战友”的身份陪伴在先生左右。

赵峻白手起家。2003 年，他注册了成都慧之源生物科技有限公司，开始创业；2006 年，他开始谋划转型；2008 年，赵峻在北京成立了中清科华生物科技研究院。陆续地，研究院吸纳了海外生物医药领域的技术专家、加拿大留学博士后团队，还组建了以中国科学院、清华大学生命科学院、中国人民大学等著名院校专家学者为主的科研团队。

苦心人、天不负。时间转眼到了 2019 年，中清科华在再生医学与预防医学领域已取得巨大成功。赵峻本人也受到社会各界充分肯定：2015 年 1 月，荣获中国经济十大创新人物大奖；2015 年 4 月，荣获金典奖——中国企业管理品牌建设十佳杰出企业家称号；在第三届杰出青年川商推选活动中荣获杰出川商领袖奖等。

中清科华的成功，姚金彤同样功不可没。

自中清科华创立伊始，姚金彤就参与到产品的研发讨论之中。她总是能从消费者的角度提出建议和意见。在她看来，只有将自己置身于消费者的位置上，才能清楚地知道大众的需求和感受；也只有亲身体验，才能清楚产品的功效，才能真正对消费者负责。“把好产品的每一道关，才是企业发展的长远之道。”

有一年，中清科华需要拍企业宣传片，姚金彤以最佳状态展现了中清科华的企业风采。但事实上，当时正是冬天，姚金彤穿着单薄的衣服在摄影棚里待了整整两天，几乎没有休息。

为了维护中清科华客户关系，姚金彤同样付出颇多。2018 年年中，她不顾有孕在身，远赴北京给一位客户的女儿过生日。客户非常感动，但她不知道，那天也正是姚金彤的生日。

从始至终，姚金彤都以异于常人的努力，做着自己认为对的事。除此之外，姚金彤还用润物无声的细腻，影响着每一位员工。

赵峻惜才，他的身边很快聚集了各领域的专业人才。但军人出身的他讲究令出必行，而能力卓越者，性格也大多要强。针尖遇上麦芒，矛盾是必然。作为赵峻的伴侣、爱人，姚金彤最了解赵峻想要的东西，但她会以更容易让人接受的方式去交流，纾解员工情绪。

一刚一柔，张弛之道。这是姚金彤一种极其聪明的策略，更是对员工的一种尊重。日久天长，员工将公司变成另一个家，更有安全感、归属感。

多年来参与先生公司的发展，她呕心沥血、无怨无悔。

“我有三愿，一愿独立不依附；二愿自由可随心；三愿豪迈且坦荡。我从不后悔我的选择，我得到的，远比我失去的多。”姚金彤如是说。

三
以秋之实，守一盏温暖的灯

“世界如此之大，我深深地感恩，在人群之中遇见他，是他给了我一个温暖的家。从此之后，我的世界再无天涯。”

姚金彤说，她最大的幸运是有一个美满的家庭，家庭给她的安全感和归属感是无可替代的。

结婚第一年，赵峻陪姚金彤回家祭祖。姚金彤爷爷的坟在比较偏的地方，周边都是小道，需要下车走一个多小时。他们走了一半，赵峻才知道爷爷生前最爱喝酒。于是赵峻不顾劝阻，硬是花了四十多分钟走到镇上，打了一壶好酒，再步行一个多小时回到坟前，双手将酒敬给爷爷。

姚金彤回忆说，赵峻的背影一直留在自己的脑海里，那是发自内心的尊敬和孝顺。自此之后，每每遇到问题，只要想到那个背影，她的心便坚定强大起来。

赵峻父母不习惯在城里生活，姚金彤就提议在老家南江县修一幢房子给老人家住。从设计到装修，每一个细节姚金彤都亲身参与其中。“要布置一个温馨的家太不容易了，那段时间我瘦了快 10 斤。”赵峻父母看到如此孝顺的儿媳，又是心疼又是欢喜。

姚金彤夫妻的爱不仅体现在对长辈的尊重上，更融入了生活的方方面面。沟通，就是他们通向彼此内心深处的桥梁。

“在他工作回来之前我都是不关灯的，无论多晚，我一定会等到他回来才熄灯睡觉。我们有很多的共同语言，经常聊到晚上两三点。”

工作中的压力，赵峻从来没有带到生活中，也从不向姚金彤说起，但相知相守的默契让姚金彤清楚，“他承担了公司所有的压力。”没有抱怨，也没有不满，姚金彤以她的温柔和善良，默默支持、陪伴着先生。

采访的间隙，姚金彤的儿子进来了。他是为吃一支冰淇淋而来征求母亲的意见。姚金彤没有同意，也没有断然反对，而是让儿子告诉她三个可以吃的理由。小小少年略微歪了歪头，开口说的是“今天门口的花开了，妈妈很美，还有我很乖”，眼中有狡黠。

“孩子们的感受真是太敏锐了，大人们司空见惯的事物，在孩子们的眼中，却是另外一个世界。”说起孩子，姚金彤颇为感慨。她是三个孩子的母亲，正尽可能保护每一个孩子心中的天真。

姚金彤说，她希望做孩子们生命中的引导者，引导他们去发现这个美丽多样的世界，找到他们热爱的事。她非常鼓励孩子们去探索、去创造，“因为这将是他们立足世界的支点。我其实对孩子们并没有特别的要求，只希望他们健康、快乐地长

大，做一个善良积极的人。”

想知人意自相寻，果得深心共一心。

一心一意无穷已，投漆投胶非足拟。

纵使未知前路几度悲喜，但想到有心意相通之人在灯下温柔守候，就算前面是刀山火海，也都有一往无前的勇气了！

四 以冬雪之厚，藏一份宁静回归之情

姚金彤出生在重庆的公务员家庭，从小和爸妈爷奶生活在一起。爸爸遗传了爷爷的才华，写得一手好字；妈妈精致漂亮，能歌善舞；奶奶豁达开朗，以帮助他人为乐。在这种家庭氛围的熏陶之下，姚金彤养成了极富魅力的性格——多才多艺、坚韧真诚。

姚金彤读小学的时候，学校组织文艺汇演，姚金彤代表班级上台表演。当天，校长就去了她家，再三叮嘱姚金彤的爷爷："一定要让金彤学唱歌，她的嗓子是老天给的。"

此后，姚金彤找到了自己的一方天空，在其中沉醉着、徜徉着。音乐不仅仅是姚金彤表达自己的途径，它更是让姚金彤发现自己，接纳自己。

姚金彤曾是一个希望被认可的人。她曾经用九年时间参加了音乐六项全能素质技能大赛。从区第一，到市第一，到省第一，然而幸运并未一直相伴，在全国赛，姚金彤与"第一"失之交臂，这让她一时间难以接受。

也正是通过这件事，姚金彤意识到自己心态出了问题，遂始"修心"——拥有平衡稳定的内心，人才能不被情绪左右，才能变得强大。同时，她也明白并非什么事情都要做第一，扎扎实实做，感受自己的成长变化才是最重要的。

"要自己滋养自己，生长出闪亮的东西，最后你发现自己会成为一束光，不仅可以照亮自己，也可以照亮他人"。

千山暮雪走马去，远行万里终须归。

如今，早已经历“看山是山，看山不是山，看山还是山”的姚金彤最珍视纯真的情怀——真性情做人、铅华洗尽、赤子之心。

钱是从社会赚来的，回馈社会理所应当。赵峻和姚金彤对待财富，有如他们做人一样，真诚干净。近十年来，他们一直做慈善，截至2016年底，中清科华捐赠总金额已达2000万元以上。

2018年，中清科华和环球夫人发起了“我与星星有个约会”关爱自闭症儿童公益慈善活动。除去现场捐赠物资，姚金彤更陪伴孩子们，与他们游戏、沟通。姚金彤很懂得如何跟孩子们交流，也正是如同母亲一样的温柔与爱，让她走进了孩子们的内心世界。对着她，孩子们放下焦虑与不安，展现出孩童特有的浪漫与天真。

“他们的笑容是那么的灿烂明媚。但我却深深地感到自责，因为自己的力量还不够大，做得还不够好，只能粗浅地给予他们并不算特别丰厚的物质和短暂的陪伴，却不能将他们完全带出生活的泥淖。所以我告诉自己一定要更努力，只有不断地充实自己，蓄积更多力量，才能帮助更多的人。”姚金彤动情地说。

我当如喜雨，润物当无声。对于慈善事业，夫妻俩再三强调，不要过多渲染，简单带过就好，因为“真正的善意是不需要宣传的”。

不忘初心，方得始终。正是这份初心，在惊涛骇浪里支撑着他们，在乱花迷人眼的生活中指引着他们，让他们以坚定的信念和卓越的毅力在生活中行稳致远。

以“美”与“爱”为生命底色的姚金彤，经过岁月的洗礼与打磨，也愈发温柔，如珠如玉。独立之美、自信之美、坚韧之美，它们是姚金彤生命中的花纹，美丽夺目，让她丰富自己；亲人之爱、夫妻之爱、社会之爱，它们是姚金彤人生四季中永恒的主题，绚烂如虹，助她点亮世界。

2015
第十九届
环球夫人大赛

MRS.GLOBE
环球夫人

“人生短短几十年。当我们离开这个世界的时候，做了自己想做的事情，不留遗憾，也是一种幸福。”

“我只是一个平凡的女人。曾经听过一句话：吃斋念佛，不如去做佛要做的事。所以，去帮助那些需要帮助的人。我和你一样，一手接受爱，一手传递爱。”

“做一个好人，不是祈求有好报，是因为这样心里踏实；去变成更好、更强的人，不是要得到别人的崇拜，是因为这是你想走的路，是你想要过的人生。”

一位被三个男人宠爱了半辈子的女人，一位必须直面人生的女人，一位职业退休身心未退休的女人，一位越活越精彩的女人，演绎的是如画人生，随着卷轴的铺展，恰是缓步徐行，足生莲花的从容境界。

莫晓青

从容缓行，步步生莲

MRS.GLOBE

一
何为美德：哭给自己，笑对他人

“我从小是被外公外婆捧在手心里长大的。”莫晓青天生言语舒缓，有叙事感，一句话，仿佛把人带回了她的童年。

她清楚记得，自己九岁时，已经读了小学。只要出门，外公就要背着，让她少走路，连她自己都觉得难为情。有一次在街上，其他小同学和自己打招呼，莫晓青自己很害羞，就把头深深地埋进外公的后背。

“小时候有多被宠爱？上小学那会儿，刮风下雨，不让我去；伤风感冒，也不让我去；我自己不想去的时候，还不去。”莫晓青谈笑中带着感怀。

九岁以后，她回到父母身边，又得到了父亲的宠爱。她坦陈，现在偶然看到自己和父亲一起拍的照片，还会落泪。

至今，她仍旧记得这样的情形：她骑在父亲的肩上，抱着父亲的头，两个人灿笑如花。她说这就是记忆当中的父亲。不仅如此，在父亲的自行车横梁上玩纸飞机、小风车，到处兜风，无忧无虑。就这样，欢笑着，童年便过去了，那是再也不会重现的儿时回忆。

可是，天意难测。1986 年，莫晓青彼时已经工作，事业渐渐起步，前景光明。但父亲却因出差遇到车祸，离开了他所爱的世界。而外公在四年前也离开人世。爱他的男人，有两位去了天国。

莫晓青无奈甚至悔恨，在自己能够报答他们的时候，却没有一个人享受过她对他们的回报。

然而，命运的拷问还未结束，2007 年，莫晓青的先生也因病离世。对于一个小家庭来说，无异于天塌了下来。

先生曾任四川省阿坝州九寨沟县卫生局局长，也是一位优秀的医生，业务精湛、医德高尚。莫晓青记得，即使当了局长，先生也经常行走于当地的医院，或者被邀请到其他区县给患者看病。

九寨沟是著名景区，突发事件比较多，先生经常备勤到医院去做会诊，在卫生局机关甚至在家里，也几乎每天都有人找他上门看病。更有甚者，有时去县里开会的路上都会看到他在给别人看病，站在路旁给病人开处方。莫晓青不无自豪地说，九寨沟卫生系统 35 岁以上的人差不多都知道先生的名字。

但是，正是因为长年累月的高强度工作，经常加班到深夜，2006 年 1 月，春节刚过，先生被查出重病，不得不入院治疗。虽然手术完成得很成功，但术后排异反应强烈，仍然无法挽救生命。

生命的缘起和消逝，本是自然而然的过程，可落到某个人的身上，却又何等沉重？即便这个人是医生，精通病理，了知病情。

“我先生真的让人很敬佩，得知自己生病了，除了我知道之外，他没有告诉任何人，更没有休息、调养，他是已经确诊半年后，把单位的工作交接完毕，向上级领导做好汇报，才去住院的。在华西医院住院期间，因为自己也是一名出色的医生，他还会和其他医生一道，给病人做会诊。”

莫晓青至今记得，先生走了之后，华西医院的医生们无不惋惜，他们为失去一位很出色的同仁感到哀痛。

然而，在先生住院期间，他们却不想得到别人的安慰，更不想让人怜悯。她知道，此时的她需要的是冷静，而不是听别人的嘘寒问暖；她和先生要做的是精准判断、从容面对，而不是情绪的宣泄。但谁又知道，莫晓青在医院的角落里默默落过多少次泪？而丈夫表面上若无其事，又是对心态近乎崩溃的妻子多么大的支撑？所谓相濡以沫，无外乎此。

后来，曾经有人问过莫晓青，那段日子怎么过来的，她简单地回道：“哭给自己，笑对他人。”生活中遇到难处，她很少和家人讲，是因为她不想让他们担心，她更不会去说些冠冕堂皇的话来表白，只是默默地善待家人。

“在别人面前，我就表现得很开心，不开心的事，自己担着。成年人的生活中哪有‘容易’两个字？我把情绪带给了他人，可他人又怎么办？”这是最大限度地照顾他人的感受，是夫妻二人做人做事的一贯写照，而背后，离不开他们优秀的家庭教养和自身修养。

二
何来奉献：家族精神，谨然传承

四川泸州，莫晓青的故乡，但她和泸州没有太多的交集。

20 世纪 50 年代初，父亲被组织安排去支援山区建设，派到阿坝州州府所在地马尔康县（现马尔康市），过了一段时间，九寨沟建县，他又被派到九寨沟工作，于是，九寨沟就成了莫晓青的第二故乡，并且一待就是 40 年。她常常开玩笑说："我的父母辈，他们奉献了青春也奉献了子女。"

然而，当 2013 年莫晓青退休后，本可以回到成都生活的她，却无法割舍家乡热土，选择了留下，尽自己最大的努力去守护和建设那方人间仙境。那里的原始森林、珍贵的动植物、纤尘不染的流水，还有淳朴善良的家乡父老见证了她的青春和奋斗，她舍不得离开。

退休之前，莫晓青是县教育局的一名公职人员，做公务员之前，她是一名人民教师，站过十五年的讲台。"我挺喜欢做老师、站讲台的日子，学生长大成才，有些还成了我生活中的朋友，特别欣慰。"后来，她因工作需要被调到县教育局，又工作了十八年。

"事业上，说不上有什么成就。"莫晓青很谦虚，"最大的欣慰可能是因为自己工作态度严谨，做事兢兢业业，从来没出过差错，更没给自己服务的教师同仁和

乡亲带来不便。”

工作中的莫晓青既严格又有亲和力。因为关系到财务，她必须坚持原则，分毫不差，而对待同事，特别是从县里各个地方来办事的教师，她温和以待，有问必复。

工作中，她也接触到当地的一些弱势群众，每逢此时，她都尽量帮忙解决，因为她知道，那些乡亲身处山区，进一趟城不容易，哪怕是给他们省一趟车脚钱，也是一种关爱。

因为这份严谨和亲和，她得到了单位领导、同事的赞许和好评，退休那会儿，各个科室的人轮流到自己的办公室来话别，言语间尽是回忆，尽是依依不舍，莫晓青把这些都牢牢记在心里。

同事们也都知道，莫晓青其实半年前就走完退休手续了。那会儿，她身体不太好，再加上母亲年龄大了，又在成都生活，身边没人照顾，她想回到成都陪伴母亲。虽然退休的手续办好了，但单位里暂时找不到能接手她这份工作的人，莫晓青便拿着退休工资，又接着上了九个月的班，直到找到合适人选，顺利完成了交接，她才离开单位。此时，已经是 2014 年。

“一个人做了正确的事情，不用自己宣传，别人也能看得到。”2017 年的 7 月，莫晓青已经退休了几年，她仍被原单位评为了优秀党员。“这份荣耀对我来讲太珍贵了，因为名额有限，在职的同事评起来都很难，而我已经退休了，还给了我一次莫大荣誉，真的很感动。”她把“真的很感动”重复了几遍，发自肺腑。

如今，她没有像很多同龄人一样，跳跳广场舞、打打牌、喝喝茶消遣时光，她说自己绝不做“三等公民”——等发工资、等待老去、等待死亡；也不会做“三转女人”——围着家庭转，围着孩子转，围着锅台转。她要活出属于自己的精彩。

于是，她接受了九寨沟县绿舟种植专业合作社的邀请，担任合作社总经理一职。她深知，虽然九寨沟拥有得天独厚的资源及气候，但是地处高原，建设现代化农牧业以及产品外销都要比平原地区困难很多。为此，她带领着合作社与当地政府积极配合，号召农户种植符合市场需求的特色农副产品，认真梳理生产、加工、销售各个环节，合作社输出的高原绿色农副产品得到了市场的认可。

2016 年 11 月，莫晓青受政府委派作为嘉宾及参展商，代表四川省阿坝州九寨沟县参加了第 16 届西部博览会，同时受邀参加了第 4 届四川农业博览会，她的辛劳得到了回报。

而家乡农民因为收入高了，不再需要到外地务工赚钱，有更多时间和精力照顾家庭，让曾经缺失的家庭完整起来，这让莫晓青感到无比欣慰。

有些人不理解莫晓青，认为她放着成都的日子不过，非要在山里忙，不值得。对此，她总是坦然一笑，不去计较。她觉得自己还有能量，还要做点事。

“我父亲和丈夫都是被写到九寨沟县县志里的人，他们为这一方水土奉献了全部，现在，我会继续他们未竟的事业，哪怕点滴之功，也是对生养我们的这块土地的报答。”

这就是坚韧、担当的家族精神，它潜移默化，深入骨髓。中国人，自古历来便有家国情怀，就是因为有了无数个小家的担当、奉献，才有了国家和民族的富强繁荣。莫晓青，虽为巾帼，却丝毫不让须眉。

三
何来善美：感恩承爱，努力传爱

“我觉得我先生他一定会支持我参加环球夫人大赛，他一定希望看到我现在的风采。以前，我们夫妻之间都比较支持对方的爱好，共同成长。”

莫晓青感谢环球夫人大赛的舞台，在这里，她结识了很多优秀的姐妹，也大大拓宽了自己的眼界和胸襟。在环球夫人的平台上，她看到来自不同领域、不同社会背景的夫人们共有的能力——奉献爱、奉献善与美。她仿佛找到了自己的归宿，自此一发不可收拾：她参加环球夫人大赛组委会组织的公益活动，也以个人名义践行各类关爱老人与自闭症儿童的公益善举。向更多的人传递善行美德，于她而言，这是最大的成长。

“人人都有一颗慈爱的心，希望更多的人加入公益慈善事业，把爱传下去！”虽然她已经从工作岗位上退休，但她坚信，做慈善，永远不会退休。

年轻时，莫晓青就喜欢美好的东西，家里房前屋后种了不下五十盆花，同事们都笑她是“花痴”。邻居们晚饭之后都去散步，她没时间去转，她要侍弄她的这些“宝贝”——修枝剪叶、浇水施肥。花木葱茏、花香四溢，她觉得整个世界都美好。

“我们每一个人生来都是一张白纸，只是被时光打磨以后，才会有各自不同的模样。”莫晓青选择的是美好，是对这个世界满满的善意。所谓“仁者爱人”，这份对草木的情义，也是她为人处世的写照。

2015 年，她参与成都家园国际酒店举办的关爱自闭症人群的活动并捐款；

2016 年，世界自闭症日，她参与成都市武侯区的“音为星星点灯”大型公益活动；

2016 年，参加环球夫人大赛成都赛区美孝同行——中秋进社区关爱活动并捐物；

2016 年，在北京国家会议中心参加首届女性高峰论坛，20 位优秀妈妈与智障儿童对接并捐款；

2016 年，参加成都五福公益成立活动并捐款；

2016 年，参与成都站黄手环防走失“明天爱心”公益活动；

2017 年，重阳节，参加成都市金牛区防走失黄手环公益发放活动；

2017 年，参加阿坝州金川雪梨膏发布会，宣传并支持山区农业；

……

这并不完整的公益清单，是莫晓青献身公益事业的成绩单。而她并不满足这些，她正在用全部能量去做更大范围的慈善，而事实证明，她做到了。

她说女人应该把做梦的时间延长，那些梦就是我们创造美好现实的善举，而且要敢想敢做。“越努力越幸运，这句话我很赞同。”

莫晓青感恩生活的一切际遇，丈夫去世后的几个月，婆婆也因为长年的糖尿病并发症去世了，而那一年，儿子又是高三在读，准备参加高考。婆婆 7 月初去世，她带着儿子回到乡下的婆婆家，在当地素昧平生的父老乡亲的帮忙下，料理了老人后事，直至把老人家抬上山安葬。当时，她最想做的事就是跪下来给父老乡亲们磕个头致谢，后来被大家劝止。这份质朴的情怀，让她终生难忘。

而她，感恩自己所获得的爱的同时，便是奉献爱。为了提高奉献爱的能力，她参加 MBA 学习、参加环球夫人成都赛区艺术团，等等，就是为了学到更多的本领，带动更多的人做公益、奉献爱。

冯仑说：伟大都是熬出来的……普通人承受不了的委屈你得承受，普通人需要别人理解安慰鼓励，你没有，普通人用对抗消极指责来发泄情绪，但你必须看到爱和光……普通人需要一个肩膀在脆弱的时候靠一靠，而你就是别人依靠的肩膀。

莫晓青说自己很平凡，但其实她不是普通人，她步步生莲，从容淡定，纵使经历岁月洗礼，她始终自信而优雅，努力做好自己，这样的女人将永远年轻。

AEEF

RECEIVING THE 21ST CENTURY GOLDEN PHOENIX AWARDS 2016 - BENEVOLENCE AWARDS
BY YBHG DATUK A. KOHILAN PILLAY - FORMER DEPUTY MINISTER OF FOREIGN AFFAIRS, MALAYSIA.

MRS.GLOBE
环球夫人

世界上最好和最美的东西有时看不到也摸不到……它们只能被心灵感受到。这是一句盲人教育家的名言，她的名字叫海伦·凯勒，她曾经写过很多书，其中有一部叫《假如给我三天光明》。

2018 年 11 月 18 日，第 22 届环球夫人大赛中国区总决赛在北京落幕，视障选手王蕾蕾获得全国总决赛特别大奖，也是在那一年，她获得了环球夫人大赛全球第四名。

创办 22 年来，环球夫人大赛在全球 100 多个国家和地区举办，但没有任何一位妇人像王蕾蕾一样特殊，她的故事，足以写成任何动人的篇章，她就是中国的海伦·凯勒。

我要做中国的海伦·凯勒

王蕾蕾

MRS.GLOBE

一
生活从未抛弃任何人

“生活抛弃了我。”

24岁那年国庆节，王蕾蕾在表演时差点儿摔倒在T台上，她的脑子里反反复复都是这句话。

那一年，沈阳的雪来得很早。10月1日那天的一场大雪，让整座城市银装素裹，更增加了些许深秋的肃杀之气。

太原街，沈阳最著名的商业街，伪满洲国时期便商贾林立。在街的尽头，矗立着已有百年历史的沈阳火车站，它们共同见证着这座城市的苦难与辉煌、进步与挣扎。

即使雪花纷飞，太原街上的国庆氛围似乎也比其他地方要浓烈得多。

此刻，王蕾蕾身在秀场，镁光灯洞穿了雪日的朦胧，照得她暖融融的，但下雪天走秀，雪花反射着灯光，这让她的眼睛看东西更吃力了。

“管它呢，就剩最后一个集体亮相环节了，好好表现！”王蕾蕾心里盘算着。

终场的音乐响起，模特们鱼贯登场，集体亮相。王蕾蕾按照往常的节奏笔直前行，可惜，此时，她已经看不到舞台边缘。一个趔趄，她差点儿在T台上摔倒了。

不管自己是否接受，那时的王蕾蕾心里只有一个念头：生活抛弃了自己。

曾经的王蕾蕾可谓是顺风顺水，生长于部队大院之中，身材高挑、容颜姣好、能歌善舞，一直都是大家口中的“别人家孩子”。父亲从小对她进行的一些军事化的锻炼让这个姑娘更加独立、自主，所以在中考取得优异成绩的情况下，她依旧坚持自己的想法，放弃了重点高中，选择进入沈阳服装艺术学院实现自己的“模特梦”。十七岁的时候，王蕾蕾拿到了人生第一个模特奖，她的模特生涯也就此开启。那时候的王蕾蕾即便知道自己的眼睛是一颗不定时炸弹，随时都可能失明，但是仍旧坚信视网膜色素变性并没有什么可怕。纵使暗适能力蜕化、视野缩小，甚至自己日常的眼前有如雪影蒙胧，她都觉得没什么，可是随着病情发展，王蕾蕾意识到，现实是不可控的深渊。

为了可以继续站在舞台上，蕾蕾和她的父母多方求医，终于找到了一位俄罗斯的医生为自己进行了手术，让视力恢复如初。但蕾蕾知道这是她向老天赊来的时光，于是在休养好之后她疯狂地跑商演、走秀，似乎想要把一辈子的秀都走完。最疯狂的时候，王蕾蕾甚至想过，只要是视力下降就去做手术，哪怕每次手术之后只有几个月的光明也无妨。

时间是这个世界上最公正无私的东西，无论你怎么挽留，它都会一直向前，从不回头。自从上次T台“遇险”之后，王蕾蕾的视力便急剧下降，短短一年时间她已经看不清任何东西，最终只能放弃T台，从此再没有登上过专业舞台。

随着光明退出她的生命，绝望、痛苦这些词汇再度回到自己的生活中。蕾蕾并不想再连累别人，所以几度向男朋友艾淑义提出分手。然而，王蕾蕾没想到这个男人远比她想得更爱她，为了可以和她结婚，他说服了他的父母亲友，做好了所有准备。2004年，王蕾蕾和艾淑义携手步入了婚姻的殿堂。

爱情从来不是单方面的付出，而是相互体谅。艾淑义如此，王蕾蕾亦是如此。医生曾经告诉过蕾蕾，以她目前的身体状况，若是怀孕生子，将会加重眼疾，甚至可能完全失明。艾淑义一直都记着医生的叮嘱，所以当蕾蕾提出要生个孩子的时候，他毫不犹豫地拒绝了。然而蕾蕾向来都是有主见之人，她思忖着，这一生终究是要成为盲人的，如果可以有个孩子承欢膝下，那么早些失明也没什么大不了的。如此，她毅然决然地生下了大宝和二宝。二宝出生的时候，蕾蕾已经完全失明，她看不见自己的孩子是什么模样，不过听到产房医生告诉她，宝宝有八斤二两的时候，她知道宝宝一定很可爱。

结婚后的生活对于蕾蕾来说虽有遗憾，但并无后悔。孩子让王蕾蕾体会到了为人母的喜悦和幸福，也让她明白了父母的不易。家庭的幸福美满让王蕾蕾开始忘却被迫离开舞台的痛苦，即便光明不再，丈夫的陪伴、孩子的笑声、父母的支持也让她有勇气在黑暗中继续行走。

其实，生活没有抛弃任何人。

二
天意总是高难问

我们常说“天有不测风云，人有旦夕祸福”，可见天意总是变幻无常。

2007 年，蕾蕾在丈夫的支持下，注册了一家公司，她打算做模特培训，让更多的人可以站上 T 台，可以感受到她为之热爱的舞台是多么迷人。那时候，王蕾蕾尚不能完全接受自己双眼失明的事实，骄傲如她，总是竭力让自己看起来和正常人一样。与人说话时，她温声细语，眼睛会礼貌地“看”向说话者的方向，唇角微扬，让人如沐春风。若不是她主动提起，没人会想到眼前这个姑娘其实完全看不见，是个盲人。

在蕾蕾的悉心运营下，公司发展不错，当地媒体也注意到了她，对其进行了专题采访和报道。在采访中，王蕾蕾大大方方承认了自己已经看不见这个世界的事实。这篇报道本来是以王蕾蕾为对象，彰显乐观坚强的品质，希望给处于困境之中的人一些慰藉，却被嫉妒王蕾蕾的同行歪曲，拿到她的合作伙伴面前，肆意诋毁王蕾蕾和她的公司。在这样的恶意攻击之下，蕾蕾的公司在 2010 年被迫关闭，她再一次失去了自己的事业。

然而，紧接着发生的事情才真的让她如坠深渊。就在 2011 年，父亲因病去世，在父亲离开的第 49 天，奶奶也跟着走了。中国人向来看重亲情，所谓“子欲养而亲不待”本就是人生最大憾事，这样的伤痛也只能用时间去慢慢淡化。可是老天并没有给她这样的时间。亲人的故去，让王蕾蕾悲恸不已，而紧接着母亲患上抑郁症，成了压垮王蕾蕾的最后一根稻草。

那段时间，无论是从哪种意义上来说，都可以算是王蕾蕾生命中最黑暗的时光。王蕾蕾把自己关在家中，郁郁寡欢，曾经爱美的她完全没有了打扮的心思，对于丈夫提出的出门买衣服的提议，她也只是冷冷的一句“不买，反正我也看不见”，否决了。

眼前是一望无际的黑色，失明的恐惧、亲人不在的痛苦都被无限放大；没有黑夜白天，时间便也失去了意义。王蕾蕾一个人在这永暗中煎熬着，久而久之，死亡便是她唯一想得到的解脱方式。她虽然看不见，却对家里药品摆放的位置烂熟于心。这一天，她摸索着从药箱中拿出几瓶药，将其中的药丸悉数倒出。

“把它们都吞下去，我就能解脱了吧。”那时的王蕾蕾心中只有这一个想法，“我可以重新投胎，做一个健康自由的人了。”

就在她准备将药丸倒进口中时，听到瓶罐碰撞声音而赶来的丈夫一把将她的药打落。艾淑义是真的被吓着了，他不敢想象自己要是晚来一步，事情会变成什么样。从此以后，艾淑义更加注意妻子的言行举止，在几次将站上窗台的妻子拉下来后，他知道不能再让妻子这样下去。于是，他推掉了朋友的各种聚会邀约，一心在家陪伴妻子。他试着为妻子梳洗化妆，描眉画唇；牵着妻子的手走出家门去感受阳光清风……正如他当初求娶之时所许下的承诺那样——“让我成为你的眼睛”。

三
凤凰涅槃已重生

狂风暴雨之后，天边总会挂起一道最美的彩虹。

丈夫的陪伴让王蕾蕾慢慢走出了阴霾，孩子也逐渐长大，蕾蕾开始意识到自己不能再颓废下去，她必须给孩子做个榜样，让孩子知道母亲只是眼睛看不见，但仍旧可以通过自己的双手去工作，去创造美好的生活。于是，她开始学着使用智能手机中的 Voice Over 功能，开始尝试去接触外面的世界。

在朋友的介绍下，王蕾蕾和一家社交电商平台有了合作，她负责宣传及与客户沟通事宜，在客户下单之后，平台会直接打包发货，如此一来，即便王蕾蕾看不见，也没有任何影响。

为了确保商品质量，王蕾蕾自己先注册了账号，买了一些化妆品试用。双目失明导致王蕾蕾其他感官更加敏感，这使得她能更为准确地描述出化妆品的使用感受。在确定了这个平台的商品都是正规渠道所得后，王蕾蕾开始了自己的创业——她创建了自己的网上商铺，每天都在群里和客户沟通、反馈，生意也逐渐有了起色。

王蕾蕾本来就是个乐观坚毅之人，对于自己下定决心要做的事情，她从不敷衍。每天她都会利用手机的软件去听许多关于业内行情分析的文章，然后自己进行整理总结，培养自己的专业能力。最关键的是，王蕾蕾对客户坦诚相待，让她赢得了良好口碑。

“我是一个盲人。”

这句话，曾经是她心上的疤，也曾是之前同行捅向她的一把利刃。但是如今，她可以毫无芥蒂地向客户言说。

初听见这话，群里大多数人是不信的，善意的支持和恶意的揣摩都有，但是，王蕾蕾已经不在意这些流言蜚语了——生活是自己的，没必要为别人的眼光活这一世。

在悉心经营下，网店的生意越来越好，王蕾蕾也被评为“2016年度最红店主”，这也是对她努力的最大肯定。随后，她又开拓新市场，将目光转向了家乡特产生意，在经过一番调查和思考后，王蕾蕾在自己的店里推出了盘锦特色有机米，月销量过万。这期间，也有很多同行向她提供了帮助，人间的温暖让在黑暗中前行的王蕾蕾更有动力走下去。

生意逐渐走上正轨后，王蕾蕾心里那簇关于舞台的火苗又再度燃起，或者说它从未曾熄灭过。在拿到第五季《妈妈咪呀》的总冠军后，蕾蕾受到了业内的注意。一位导演找到了蕾蕾，希望可以为她拍摄一部电影。在和导演面谈之后，蕾蕾意识到这位导演其实是想买下她的故事，再由别人进行演绎。蕾蕾不解，问道：“您为什么不直接让我演呢？”

导演也没有想欺骗她，直言道：“你不是专业演员，年纪也大了，再加上你看不见，你来演戏的话，拍摄难度会很大。”

说者无心，听者有意，蕾蕾不服输的性子被这几句话完全激起。在送走导演之后，蕾蕾毫不犹豫去到了北京，成功考入北京电影学院，进修影视表演专业，成为北影建校以来的第一位盲人学生。

表演本就不是易事，对于常人来说都需要多年的刻苦钻研、学习，蕾蕾发现那位导演说得并没有错，表演真的太难了。眼睛看不见，在排练对戏时，她就无法判断对方的位置、走位，常常闹出笑话。为了可以顺利表演，她逼着自己调动身体的所有感官，练就了“听声辨位”的能力，2018 年的毕业大戏中，王蕾蕾饰演的 19 岁的苏珊，完全克服了年龄反差，让观众们惊艳不已。她每一个神情、动作都充满灵气，没有谁会把她和盲人挂上钩。

这是王蕾蕾在老师与同窗们的指导和帮助下完成的一份满意答卷，这份答卷里，是她生命绽放的真实写照。她曾在自己的书中写道：“我的世界里，无论多少狂风多少暴雨，都不会折断我那梦想的枝干。因为我永远是绽放在山野间，昂首向天微笑的那朵花蕾。”

如今，她是北京电影学院表演学院副院长王劲松教授的弟子，以她的故事为原型，由她主演的电影已经在筹备中，相信可以感动更多人。

演出的成功让王蕾蕾更有信心，2018 年年底的环球夫人大赛全球总决赛上，在家人的陪伴下，她身着各类漂亮服装，走过长长的 T

台，即使前方于她来说仍是一片黑暗，但她面带微笑，宠辱不惊，那是凤凰涅槃重生后的自信优雅。

最终，凭借自身过硬的功底以及出色的表现，王蕾蕾摘得总决赛季军奖杯和“最具影响力夫人”奖项。这个奖，蕾蕾当之无愧。命运对她不公，她虽怨过，却没有低头认输。她用自己的经历向世人证明，人生的方向掌握在自己手上，只要自己坚持，一定会有所回报。

“我看不到这个世界，但我希望可以为这个世界送去一份光芒。”这是王蕾蕾的获奖感言，曾经的她，做到了。

“我看不到这个世界，那就请让世界看到我。”这是她对未来的宣言。她的心中，一个更大的梦想正在升腾着，那便是维密天使的舞台，她希望有天能在那儿绽放中国视觉障碍女性的风采，告诉世界：她们很努力，很好。

人间很好，有花有水，也许她不能再看到，可是她仍旧可以闻到花香，感受到阳光照在身上，正如海伦·凯勒所说的那样，“世界上最美丽的东西，看不见也摸不着，要靠心灵去感受。”

斯兰，一个美丽而清隽的名字。她是一位歌者，发梢、裙裾上沾染着黄山松、石、云、泉的性灵向我们走来……

斯兰从小喜爱家乡龙眠山上的幽兰。她爱兰花，更爱兰花的高洁品格。所以她以兰为名，更以兰花的精神自勉，她用赋予兰花魅力的爱的歌声，送给挚爱她的人们。

兰花是我国传统的十大名花之首。它与梅、竹、菊并称为四君子。又以其无与伦比的芳香而享有“国香”“王者香”的美誉，人们更将它比作完美人格的体现。兰花以其清香幽雅和与生俱来质朴高洁的品格以及坚韧刚毅的气质博得了世人的青睐，古往今来，画家取兰泼墨以寓志，诗人咏兰赋诗以言志。

斯兰虽是歌唱家，但她总是不断地学习，她进取的步履是坚实的。她在致力于中外文化艺术交流的同时，用自己纯美的歌声和实际行动传播中国传统高雅的兰文化，默默地耕耘、播种，她的坚守换来了今天的真善美和满满的社会正能量。

斯兰

斯人如幽兰　盛世溢清芳

MRS.GLOBE

一
初种心兰

安徽桐城是中国历史文都，青山秀水孕育出淮河文化。吴楚遗韵越千年，这片土地上名流辈出，人文荟萃，在史书上留名记事者达两千余人。他们或为宰辅重臣，或为硕学鸿儒，或为仁人志士，或为艺林泰斗，无不在历史上留下浓墨重彩。

斯兰，就出生在这座千年古城。幼年时，每逢春日，她常随母亲到龙眠山，那里有着满山遍野的映山红。而斯兰被山谷中幽兰的阵阵芳香陶醉了。从此，兰花便植根于她的生命里。她也将兰花的高洁奉为自己终生所追求的信仰。

清澈的龙眠河水给了斯兰甜美的歌喉，她捧着兰花轻轻吟唱：空谷幽兰，不以无人而不芳……兰香拂过她的裙角、发梢，伴随她整个童年的时光。漫漫时光，龙眠山的花开了又落，但斯兰心中的那株兰花，清香不散。

在桐城龙眠山上唱歌的精灵带着对音乐的热爱，斯兰踏上了求学之路。高中时，桐城中学的高级音乐老师——王洪流老师专门为斯兰开小灶进行专业声乐辅导，甚至把自己在校的唯一休息房间腾出来给爱徒住，方便其学习生活。王老师在其声乐启蒙道路上悉心辅导，勤奋的斯兰最终以音乐专业总分第一名的成绩考入了安徽师范大学艺术系，师从于王景旭、朱小芸教授。

读安徽师范大学艺术系二年级时期的斯兰

斯兰大学毕业后被歌舞团特招，后又选送到中国音乐学院深造，先后师从于中国著名声乐教育家杨曙光、马秋华教授。随着斯兰演唱技能的逐步提升，尤其出生黄梅戏发源地的她，骨子里的那份艺术天赋使其戏腔婉转，韵味无穷，一上台让观者眼前一亮，总也听不够啊。

斯兰的嗓音，圆润纯朴；演唱自然亲切，独具个性。听她的歌，不同风格的作品，你都会发现歌声中那种质朴的美感，那种真情的流露，那种蓬勃的生命力！

艺术院校里的学生青春靓丽，几个同学结伴而行，尤其是艺术系的女生，到哪儿都是一道风景线。相由心生，斯兰内心的纯净和对音乐的美好感觉，她与同龄人相比多了那份自然的温婉典雅。她很早就明白见素抱朴的哲学，不疾不徐，不为名利深重的周遭所影响。音乐是她生命中最重要的部分，她将自己全部精力都放在了艺术修炼上。大学里，她穿着朴素。每当她一身黑色运动服跳跃在操场上时，师生们亲切地称呼她为——安师大“黑牡丹”。功夫不负有心人，大学一年级她便获得了安徽省青年歌手电视大奖赛民歌第二名的好成绩。

漫漫求学路上，斯兰对自己要求严格，从未懈怠。大学毕业进入歌舞团后，团里又选送其到中国音乐学院深造。斯兰特别珍惜大好时光，尤其在著名作曲家李焕之先生和王志信、刘麟老师的指导下，她的音乐修养日渐成熟，演唱上，在掌握科

斯兰和著名黄梅戏表演艺术家董家林应邀“放歌中国”演绎黄梅戏电影《戏凤》

学发声方法的基础上始终保持着自己独特的自然真声色彩。尤其她那甜美的悠悠黄梅歌声让无数观众和粉丝心醉。

1998 年，著名音乐家、中国音乐家协会前主席李焕之先生亲自点将斯兰演绎、中央电视台拍摄的其为安徽创作的新民歌《巢湖好》音乐电视。央视播出后，让世界更多的人了解了中国美丽的巢湖。同年音乐电视 MTV 获得中央电视台 CCTV 音乐电视大赛银奖。斯兰成了中国美丽的巢湖形象代言人。

李焕之先生为安徽创作的经典民歌《巢湖好》，1998 年斯兰大学毕业后受邀央视 CCTV1 演绎 MTV，李焕之先生亲笔题写片名。

斯兰并未迷失在仅有的荣誉中，1999 年她去新加坡继续深造。在国内外文化交流的重要演出中，她感受到中国传统文化经典受到海外华人的热烈欢迎和喜爱。

2013 年中泰建交 38 周年，斯兰应泰国崇圣九保社团和曼谷中央中文电视台的邀请，在泰国文化中心——皇家大剧院举办了“兰花赋——斯兰 2013 曼谷演唱会”。演唱会轰动了东南亚，震撼了大曼谷。演唱会上，斯兰把中国幽兰和泰国兰糅在一起，用优雅的歌声让兰馨飘四海……当晚泰皇国戚及华侨侨领、文化人士等1200人观看了整场演唱会，赞不绝口。斯兰用优美的歌声铺陈、讲述对祖国和家乡的热爱、对人生的感悟和中国兰花文化。中国人民历来对兰花所寄寓的情怀，深情地赞美了兰花在风雨中成长，甘于清贫、默默奉献的品格。斯兰的《兰花赋》深深地铭刻在海外华人华侨观众的记忆里。这是一位歌者对中国传统经典——兰花高雅文化真诚而执着的追求。

演唱会每个乐章的歌曲风格不同，表现了江南风情和自然之美。尤其中国的书画艺术和兰花的素雅高洁糅在了舞台大屏背景上，同时融合泰国兰花的艳丽妩媚，色彩绚烂，酣畅淋漓，尽善尽美。黄梅调唱腔的委婉清新，配上幽兰的素雅风姿，斯兰用自己的歌声将中华传统文化魅力展现得淋漓尽致，让在场的东南亚观众听得如痴如醉。斯兰将自己心中的那株兰花带出国门，让世界发现了最美的中华兰文化之美。2013年，斯兰获得由中国驻泰国大使馆颁发的中泰文化艺术交流突出贡献奖。

斯兰2013曼谷演唱会剧照——《兰花赋》

斯兰2013曼谷演唱会的庆功宴上，中国驻泰国大使馆文化参赞为歌唱家斯兰颁发奖杯——中泰文化艺术交流突出贡献奖。

二
心兰盛放

中国古代著名的教育家、思想家孔子就对兰花发出了这样的赞语：“兰花生于幽谷，不以无人而不芳；君子修道之法，不因穷困而改节”。

斯兰的形象有古典之美，眉目温柔；说话也是轻声细语，让人如沐春风，但她工作时，干练果敢。无论是随电视台采访孔子学院，还是进行国际文化艺术交流工作，斯兰都认真对待。偶然的机会，聪慧敏捷的斯兰也进入了自己的投资计划。艺术和企业这两个看似矛盾的领域，而斯兰却可以做到游刃有余。她可以站在世界舞台上放歌，同时也投资着自己的公司并取得成功。

也许有人会问，她既然把事业经营得如此之好，那她的生活怎么样呢？确实，在很多人眼中，事业和家庭很难兼顾，俗语云，“世上无难事，只怕有心人”，只要是自己真心想去做，便没有解不开的难题。斯兰便是如此，她在为事业拼搏的同时从未“冷落”自己的家庭。她和先生自相识以来便互相理解、相互包容。先生也

常对她说道：“每个人都有自己的事业，你想做自己喜欢的事业，我永远支持你。”所以，每当忙于工作而无暇顾及家中的事务时，先生从不埋怨。一家人相处融洽，互敬互爱，颇具刚柔相济之风。

这样和谐的家庭氛围自然会给孩子提供最好的生长环境。斯兰的孩子继承了她的艺术天分，音乐上一点即通，5 岁时便跟着中国音乐学院专业老师学习钢琴。10 岁代表学校参加保利剧院演出，其演奏的李斯特的《钟》让台下观众一片欢腾。是啊！妈妈的勤奋和爱心，无形中给了孩子最好的榜样，所以孩子各方面都远胜其他同龄孩子。

现在孩子的高中老师跟斯兰沟通过，希望她的孩子将来报考音乐院校，一展所长，在音乐领域有所建树。但斯兰不想强求孩子按大人的想法做。她觉得孩子是一个独立的个体，虽然需要父母的呵护、培养，可长大了应该有他自己的思想和对自己未来人生规划的权利。于是，空暇时便和孩子相对而坐，以平等的身份和他认真交谈了一次，“如果你以后想从事音乐行业，妈妈全力支持你，也可以把你介绍给妈妈的老师，为你提供最好的专业辅导。”斯兰柔声对孩子说着，“如果你有别的想法，那就大胆去做，妈妈也许帮不了你，但绝对会支持你。”孩子说“妈妈，我喜欢钢琴和唱歌，但我不想一辈子只干这个。我想把这些作为自己的爱好。现在中国发展这么快，我想将来进大学多学些科技方面的知识，将来能为自己的国家做点贡献。”儿子认真地回答。这一回答让斯兰觉得特欣慰，孩子真的长大了。而中国的建设发展也确实需要各方面的人才，孩子是从骨子里带着对家国的信仰和爱恋，无论何时何地。斯兰如此，她的孩子亦是如此。

斯兰最终放下了海外的所有，回到中国北京的家。她希望孩子可以在中国更好地学习到真正中华民族的优秀传统文化，希望孩子达成所愿，同时自己用歌声也化为一种精神和力量，去激励更多的人为祖国的富强而出力。

2016年春天，斯兰应邀回到故乡安徽，挖掘发展传承安徽优秀地方传统文化而演唱的原创歌曲百余首。其中《美好安徽》获政府大奖、《巢湖美》荣获省“五个一工程”奖。尤其她演唱的《桐城歌》成为新时代中国桐城文化艺术发展的新名片。其演唱的体现美好安徽人文经典黄梅歌《好人多》《黄梅悠悠》受到全国观众的喜爱和赞誉。

斯人如兰，这位时时飘洒着兰花般高雅气质的艺术家，依旧用纯美的歌声传递着新时代满满的正能量。

出版发行的唱片十多张，其中《大湖之声》《大美中国》《有缘还会再相见》深受观众喜爱。演唱代表作有《巢湖好》《桐城歌》《六尺巷》《徽州美》《兰花赋》《美好安徽》《好人多》《望春花》《书香家园》《数板山歌》《清风明月》《巢湖之夜》《安徽姑娘》《相约江南》《花开不等待》《桃花潭》《快乐是啥》《黄梅悠悠》《金寨红》《你在我心里》《中国好人》《绿色的力量》《茉莉花开》《感

恩祖国》《中华同心圆》等。应邀演绎的 MTV 音乐电视 20 余部，在央视播出；多次受邀 CCTV 晚会节目和海内外华人华侨春晚、中国文联百货迎春、地方卫视春晚。

2017 中澳文化交流年，斯兰作为华人歌唱家代表应邀于悉尼歌剧院演唱大美中国，传中国声音，讲中国故事！她精湛娴熟的演唱和温婉端庄大气的舞台形象，给海内外观众留下了美好安徽印象。尤其那甜美淳朴的黄梅歌声，受到了海外华人华侨的热烈欢迎和粉丝的喜爱。为宣传美好安徽做出了重要贡献。

斯兰受邀和著名歌唱家廖昌永演绎印青、许冬子经典原创歌曲《你在我心里》

斯兰受邀 2017 年安徽卫视春晚演绎《美好安徽》

2017 中澳文化交流年，歌唱家斯兰受邀于悉尼歌剧院演唱，传中国声音、讲中国故事

三
兰香染人

2018 年 10 月斯兰接到 MRS.GLOBE 环球夫人大赛主办方的特邀感到有些诧异，因她不了解这个比赛的性质，经查阅环球夫人大赛的相关资料，了解到它的宗旨和理念是有关促进世界各国之间的文化交流后，斯兰接受了邀请，参加了比赛。对她而言，名次荣誉并不重要，她只是想借此机会向世界宣传中国兰文化，将兰花的芳香留给爱她的人们。斯兰积极配合着主办方的训练。这次主办方为了让参赛者可以在巅峰斗艳中发挥最佳状态，专门安排了为期 9 天的超强训练。强度之高，让很多参赛夫人都叫苦不迭，说是军训也不为过！但斯兰仍旧是一副从容姿态，每天准时参加培训，学习上也一丝不苟。

2018 年 12 月 1 日，深圳世界之窗第 22 届 MRS.GLOBE 环球夫人大赛全球总决赛，斯兰获得 2018 亚洲年度冠军，接受央视及各大媒体采访

高强度训练后，第 22 届 MRS.GLOBE 环球夫人中国总决赛在水立方如约而至。斯兰以一身白色礼服开场，如一株盛开的兰花，清雅脱俗；才艺表演用自己圆润纯朴的歌声演唱了一曲《感恩中国》，情感真挚，引得在场之人皆为其鼓掌叫好，一曲终了，水立方掌声如雷。最终，斯兰凭借自己优雅如兰的气质和高超的演唱技巧征服了现场观众和评委，摘得 2018 年环球夫人中国总决赛的优雅组桂冠和深圳世界之窗全球总决赛 2018 年度冠军。

斯兰获联合国妇女署暨环球夫人 2018 年度亲善大使，集美丽、智慧、大爱于一身，斯人如兰，芳香世界

舞台的镁光灯为她而亮，台下的掌声为她而响，但斯兰没有忘记自己的初心，在赛后的记者采访中她这样说道：“我来自美丽中国，祖籍安徽。从小喜欢兰花，因此我以兰为名。环球夫人这个国际高端品牌，传递健康和美丽，永恒的主题是公益和慈善。落地中国，向世界不仅展示了新时代中国女性的风采，同时传播了中华民族优秀的传统文化。现代女性，在家庭和社会中担任着重要的角色，家旺国兴。今天，我代表中国夫人在大赛中获此殊荣，我要非常感谢中国组委会主席的邀请。我希望通过大赛，让身边更多的女性变得优秀，去提炼自身价值，创造社会价值。”同年，斯兰获得联合国妇女署暨环球夫人亲善大使特殊贡献奖。

在斯兰看来，容颜之美从来都是人间留不住，所以女子之美，仪态为主，优雅的仪态和气质才是女性自信的源泉。如今，她虽功成名就，但她低调得让人敬佩不已！其投资的科技领域和文化产业不仅每年为国家纳税几千万，更解决了当地许多老百姓的就业难题。参加环球夫人大赛的经历更是改变了斯兰的很多想法，过去她一直在坚持做自己，守着心中的兰花，不与桃李争艳；而现在她想在更多人心中也种下兰花，将真情化芬芳，去温暖他人。

兰花是一种高雅艺术、是一种情怀、是一种精神与境界，是植根中华民族源远流长的历史文化。

兰花之美，在其文雅气度，是君子之气，持身自立，却不冷漠无情。斯兰爱兰，也是如此，穷则独善其身，达则兼济天下；她年少时涵养心性，将自己投于音乐之中，登高台而唱，心有故土，未曾懈怠；现在荣誉加身，既为“环球夫人”，不辜负大家信任，她将继续宣传中国的兰花文化，去帮助更多女性发现自己的美。

斯人若兰，她有着兰花一样的高洁品格；她用兰花一样纯美的歌声架起中外文化艺术交流的桥梁，用实业报效着祖国和家乡。

她为中国女性谱写了新时代的美丽篇章！

MRS.GLOBE
环球夫人

女人如诗，平仄韵律，起承转合，阴阳相济；女人如画，虚实得体，浓淡相宜，风雅自现，每一个女人，都有故事，这些故事或平淡或曲折，有些可以公之于世，有些只能深藏心底，繁华过尽，温雅如初。这就是所谓的人生。

芳芳，一位曾经仗剑天涯的奇女子，游走于山河大海，见证世间炎凉，她体察感悟的生命，并非人人都曾经拥有。如今，她得悟人生真谛，感知世界的美好，对生活充满感恩，在世俗中再次发现自己，铺开崭新而美好的人生画卷。

MRS.GLOBE

你若盛开，芬芳自来

芳芳

一
曲巷深足步商海，春城无处不飞花

广州，千百年来隆盛不衰。羊城旧路，檀板一声襄商机。身外的城市生活与心灵的清澈湖水怡然相逢，雅涵大方的古味与千年商都的时尚快感完美融合。徐行在广州的大街小巷，旖旎于南国特有的市井风情、不经意间的民国旧址、上午无处不在的早茶、夜间灯火通明的小酒馆和大排档，用“人间烟火”来形容最恰当不过。生活在这里的人们，安土乐天，在传统与现代间保持着微妙的平衡。芳芳就是其中一员。

“这个字写得还可以。”父亲拿着芳芳刚刚习好的字帖端详着，女儿的字大有进步，他由衷地点了点头。

其实，芳芳的父亲不是什么书法家，而是广州当地的普通航运干部，但父亲曾经读过六年的传统国学，每日诵读儒家经典、圣贤文章，用毛笔写字，用算盘算数。虽然不是专业的书法家，但平日里习字作画、舞文弄墨，不亦乐乎。

父亲一生非礼勿视，非礼勿听，行得端站得直，颇有君子之风。从小到大，芳芳没听过他在背后讲过别人坏话。老人家做人踏实勤恳，做事兢兢业业，虽不能说有什么大成就，但内心挚纯，坦坦荡荡。

芳芳的母亲开朗活泼，自幼喜爱文艺诗书、粤剧曲艺，自己没事还喜欢唱上几句，一板一眼颇为传神。

芳芳感谢父母，他们不仅给了自己生命，更教会了她做人的基本道理。不管走多远，父母的教诲她从不敢忘。现如今，父母年纪大了，两代人难免价值观念有所不同，但芳芳从不顶撞，而是找机会以婉转的方式说出自己的想法，以免伤老人家的心。在芳芳看来，家不是讲“理”的地方，而是讲“爱”的地方，家是温情栖息地，是人生的港湾，只有每个人去尽力维护好，让心灵安逸，这才是家的意义。

在父母的熏陶下，芳芳养成了做人踏实、处事灵活的生活哲学，锋芒内敛与活泼上进在她身上相映成趣，矛盾统一。自小，她对传统文化、古籍诗词和曲艺表演就颇有兴趣，同样，对摇滚艺术、地下乐队也兼收并蓄。

长大后，芳芳结识了一班自组乐队的朋友，机缘巧合之下走上了歌手之路。“那时候，广州是中国演艺业的中心，唱歌的人如果想在全国成名，都要到广州来试水，因为广州当年有最好的制作团队。”

芳芳的乐队演艺之路，一走就是十年。其间，她还被广州电视台《顺意坊》栏目选中，担任其中的主角之一，时常到剧组中参与拍摄。她也曾走进星海音乐学院学习了一年多美声唱法，但因为乐队经常要到各地演出，她被迫放弃继续进修的机会。这也成了她生活中的遗憾之一。

曾有人说，年轻时组建乐队，和志同道合的人用音乐丈量世界，是一件特别美好的事。芳芳做的就是这样美好的事。十年间，她随乐队参加全国各地的活动和演出，也曾远赴新加坡、马来西亚、泰国、印度尼西亚、越南等国家和地区巡回表演。在不同的民族和国界里，芳芳接触了许多不同的群体和文化，学习了许多生活和课本以外的人生经验，这是她一生中宝贵的历程。

在外人看来，歌手、乐队都是搞艺术的，一定很难接触，做事一定特别感性。

芳芳不否认有些人如此，但她自己不这样。因为受过比较严格的家庭教育，她在工作中谨慎、自律。她尊重他人，要求也严格，得到许多朋友和同事的认可。

现如今，芳芳在新的领域开启事业，很少驻场唱歌，只是在大型活动或庆典等重要场合上才一开金口。她尽最大努力令自己尽快投入，不受其他外来因素影响。工作中，她不去理会那些不理解自己的人和事，因为她知道，每个人都有差异，自己对待别人，不求事如人意，但求无愧于心，能做到求同存异，已经善莫大焉。

芳芳重视完善自我，以海纳百川的心态对待身边的人和事，这是广州这座城市和她的家庭所留下的深深的烙印，而这烙印，将继续推动她奏响崭新的人生篇章。

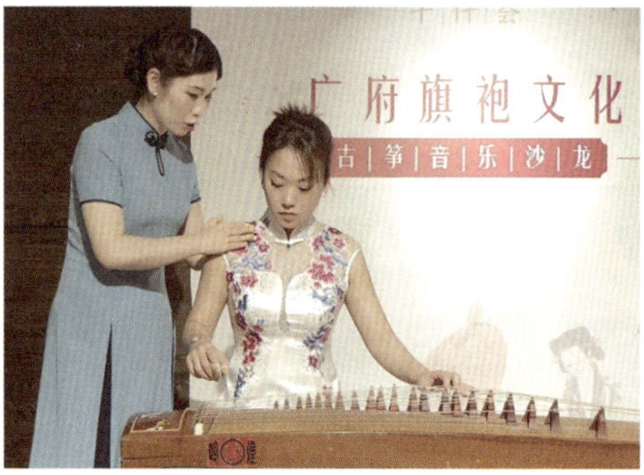

二
转身，走向新的天地

电影《阿甘正传》里有这样一幕，甘和一众追随者跑步，跑遍了天南海北，忽然有一天，甘说“我很累，现在我想回家了”。这样的话语，芳芳感同身受。

做歌手十年，还做过演员，珠光宝气、声色犬马的日子，芳芳曾经历过。许多年前，芳芳风华正茂，美丽可人。彼时，她在广州拍戏，在星海音乐学院学习美声唱法，经常出入高级酒店和演艺厅演出，参加电视台节目，还有经纪人找她洽谈试拍电影，可谓意气风发、应酬不断。

桃李虽不言，但追求者自然不在少数。其中，就有一位男士纠缠芳芳，穷追不舍。为了躲避他，芳芳离开了亲人和家乡，到深圳发展，被迫中断了在广州电视台的拍摄工作，当然，拍摄电影的洽谈也戛然而止。

在深圳一晃数年，芳芳经历了许多。身处陌生的城市，人生地不熟，亲人们不在身边，她自己年轻，经验少，因为长得漂亮，周围心存杂念的三山五岳的江湖人物、富家子弟等自然不少，每每周旋其中，她不胜烦扰。

在那段日子里，有一群来自香港的粉丝，至今让芳芳念念不忘，他们时常会给芳芳友好善意的提醒，这让她从纯真的青春视角调整到拥有更高智慧和立体层面的人生观。在浮华面前，芳芳选择了冷静和坚守，她要有自己的人生，而不去做谁的附庸；她要过丰沛饱满的生活，而不是被谁玩弄于股掌之上。

淡泊了名利场，见惯了纸醉金迷，于是，芳芳悠然转身了，她退出了乐队，而是选择回到家乡广州，和几个志同道合的朋友共同创办了一家文化传播公司，担任董事总经理职务。虽然每天依然忙碌，但生活得踏实，业务不少，未来可期。

谈及以往种种，芳芳表现出了超出常人的坦荡与洒脱。她直言现在真的懂了“不枉此生”和“枉此一生”的区别。经历了一些事，芳芳返璞归真，纤尘不染，抵达了崭新的人生境界。而感恩，一直是她挂在嘴边的，她感恩一切过往，一切人和事，祈求他们幸福快乐。

说到感恩，芳芳自然要提到自己的先生。许多年前，她在朋友聚会时认识先生，“他很特别，话不多，安静地坐在对面沙发里喝茶，偶尔我们会目光交会，他眼里尽是内敛温和。”

慢慢地，两颗心多了更多彼此靠近的机会，他们一起看演唱会，一起听音乐会，他们交换故事，述说曾经的过往，他们畅聊未来，谈谈将来的生活。最终，水到渠成，郎才女貌，成就天作之合。

先生做布料生意，家境殷实，他完全可以让芳芳在家相夫教子，做一名全职太太。但是当芳芳提出要去做自己的事业时，先生没有阻拦，而是在背后默默支持。

褪去浮华，回归坚守，芳芳的取与舍，得与失，是一道难为的人生选择题，她做出了符合内心的选择，选择了自立与自强，坚守善良与美丽，撑起一片美好的天空。

三
挚爱生活，挚爱善良与美丽

回归真我，是在烟火人间中获取智慧，在平凡日子中展现精彩，这一点，芳芳有独到的心得。哪怕就是服装和肤色的搭配，她都能长篇大论、滔滔不绝。

“南方日照充足，紫外线强，所以，我们南方女人往往是小麦色皮肤，没有那么白皙。加上我们个子没有北方女人高，所以在选择服饰的时候要特别注意……”

通常，芳芳很少挑超过三个颜色的衣服做配搭，也很少选择高领的服装。她的衣柜里，单色和素色的服饰最多，而且不少都是暖色系，“因为暖色系更容易衬托出皮肤的白，又因为南方女人个子不够高，所以简单利落、轻松不约束的款式更适合。”

芳芳自己开有服装店，姐姐还是位专业的色彩搭配师，平日里，两姊妹经常交换心得，讨论时装杂志和高端品牌店里的服装特色。久而久之，两人都成了这方面的专家。因此，芳芳的服装搭配总能浓淡相宜，楚楚动人。

除了对时装颇有研究，芳芳对美食也很在行。俗话说：吃在广州，足见广州美食的地位。对美食的热爱，其实包含着对日常生活美感的追求。每当有家庭小聚，芳芳便亲自下厨，做几样拿手的菜品，保证大家连连称赞，满意而归。再加上芳芳的弟弟是粤菜大厨，这让她更能接触专业烹调技术，享受烹饪乐趣。

不仅如此，喜欢交朋友的芳芳甚至把自己的时装店单独辟出一块做了会客室，有朋友或者老客户来，她就要亲自煮好咖啡或者沏上潮州特色的工夫茶来招待，闲谈雅聚，品味时光。朋友们都开玩笑说，每次来都有宾至如归的感觉。而芳芳从心里喜欢这样的亲密无间。

“事业再忙，也要有自己的小生活，还心情一片宁静。”芳芳的生活哲学简单而珍贵，要知道，在繁忙的日常，闹中取静最难得。

生活中的她，处处与人为善，是出名的好人缘。她喜欢结交朋友，集百家之长，增长智慧，和朋友共同进步，她也愿意做倾听者，朋友的事就如她自己的一样，将心比心，开导宽慰。一个人独处的时候，她会放起音乐，读读书，或者干脆来一场说走就走的旅行。

独善其身与兼济天下，这本是古代儒家给君子订立的人生准则，但在芳芳身上也体现得很明显，这也许和她十多年在外闯荡的生活有关。与朋友交忠义有信，与己处三省吾身，芳芳若在古代，定是一位贤良懂礼的才女。

四
与美好的人
一起见证美丽人生

当2018年环球夫人全球赛落幕的那一刻，芳芳突然有种幻觉，她想起了自己那些在外演出的日子，演唱时台上那些同样炫目的镁光灯，那些同样充满鲜花和掌声的场面……但是，这一次又不同，她很冷静、很真实，她遇见了更好的自己。那一届，她获得东南亚冠军和全球赛最佳舞台表演冠军。

芳芳之前从没在任何一类赛事上有如此大的提升，她走下台，见到亲友就说："太值了"。的确，几乎所有参赛的夫人们都有同样的感受。环球夫人大赛带给她们最大的变化是不断超越自我、完善自我。

从初赛到区赛再到决赛，芳芳一路都在扩展和修整自身，她在各位优秀的夫人中不断发现新的精彩，结合自身的状态融会贯通，把爱与包容、美与善的真谛不断内化和外放。如此一来，夫人们的相互启发、相互激荡，让芳芳有了更高的认知，她明白，一个小我只能改变周遭一些人，只有传递爱、放飞美，才能将新时代女性的正能量传播开来。

"参加完这个比赛后，我的人生舞台更加辽阔，有了更多展现自己的空间和机会，拿到这项荣誉，许多朋友都以更加赞赏和尊敬的态度回应和支持，我本人也不断被邀请参加各类新闻发布会及公益慈善活动。这让我觉得，我真的能以自己的方式去改变他人，无比自豪。"此刻，芳芳眼中流露出的是真情与骄傲。

女人，天生柔弱；女人，也天生坚强。在芳芳过往的生命轨迹中，她诠释了抉择、真我、担当的含义，这仿佛是一面镜子，万千女性都能从其身上获得力量和智慧，照进自身的现实。芳芳，恰如其名，暗香涌动，卓然挺拔，这正暗合了“你若盛开，清风自来”的精神，在这个缤纷的时代里，芳芳默默坚守，不疾不徐，正同万千女性一道寻找着属于女性的那方净土。

2018 22nd MRS. GLOBE
环球夫人中国总决赛 亚军

“只有内心空明宁静，才能所向披靡。”此句出自“二战”时期的犹太小姑娘安妮·弗兰克。在她记录人生际遇的日记中，没有血腥的战斗、没有崩溃的哭诉，只有面对磨难时的勇气、憧憬未来时的希望，以及生活中的点滴乐趣与烦忧。70 年过去了，人类或许再也不会遇到那样的人间悲剧，但追求生命的进取、乐观和放达，却不会因时间而褪色。

在环球夫人大赛中，有一位如同精灵般游走于世间的夫人。在荣获 2018 年环球夫人大赛深圳赛区冠军、全国总决赛亚军之前，她曾是省队乒乓球运动员、美丽善良的空乘，银行高级经理；在那之后，她依然求知若渴、虚怀若谷，认定“知止不殆，知足常乐”。“取”之坚毅，“舍”之洒脱，在一动一静间，中国人最美的精神境界在她身上尽显无余。

她便是刘娅娇，南国佳人，德容兼备，而她的人生也确如山间清涧，玲珑、洒脱。

刘娅娇

做凡尘中最可爱的精灵

MRS.GLOBE

一
彩云之南：有女娇妍

七彩之乡——云南是令人心生向往的西南美域。这里的女子既有江南水乡的温婉柔情，也有红土高原的洒脱干练；刘娅娇，便是其中之一。

在谈及家乡风物时，娅娇的双眸中总闪着动情的光。她庆幸自己拥有云南人的真诚、朴实和坚韧；她认定在那生生不息的传承中，家是最好的课堂，生活是最好的老师。

娅娇的父亲是土生土长的大理人，有一众兄弟姐妹；爷爷去世时，他刚 9 岁。上学那会儿，因为成绩出类拔萃，他得到了保送至昆明重点中学的机会；然而，对于一个贫苦家庭来说，这样的欢喜无疑是沉重的。深思熟虑之后，他选择踏入军营，成为一名通信兵。

待到娶妻生子，他又将全部的爱都交付给了这个家。在娅娇的记忆里，父亲永远是家中起床最早的：清晨六点，他就把早餐带回了家，日复一日，年复一年，从来没有懈怠过。他给女儿取名为“娅娇”，希望女儿能拥有娇丽容颜和非凡气度。

“爸爸总是笑呵呵的，一看到我有些失落，就会跑过来鼓励我；看到我有了成就，就会给我祝贺和警醒。嗯，他是我的引路人！”刘娅娇得意地说，毫不掩饰对父亲的爱。

说到母亲，娅娇不由地红了眼眶。母亲几乎从不发脾气，这种温文尔雅的性格，是她送给女儿一生的礼物。让娅娇念念不忘的是，在她上初中那会儿，有次得了带状疱疹，疼得走不动路，母亲二话没说，愣是背着她走去了医院，要知道在那时，娅娇已经比母亲高出了不少。炎夏、烈日、汗如雨下，母亲涨红了脸，步子越迈越小，却未曾停下过……这是永生难忘的画面。

小时候，娅娇身体弱，为了让她健康起来，母亲将6岁的她送到了云南省体委乒乓球队，尽管她并不是很情愿。别人家的孩子在小巷里玩耍打闹，而小娅娇却只能做一件事，那就是坚持训练；一个动作要做无数次，任凭汗水滴到鞋上，泪水打湿了衣裳。直到成了家，有了孩子，她才终于明白了母亲的那份苦心：不求她出人头地，只愿她健康平安。

千锤百炼、挥汗如雨，终归为她缔造了一出别样的幸运，那是健康的体魄、超凡的韧性、积极的心态，不拘小节的性格，以及端正的得失心：不为一球得失而毁一局，不为一场胜负而误终身。

带着这份幸运，小娅娇渐渐长大。她离开了乒乓球台，向蓝天飞去。经过学习和层层选拔，她成了一名空乘。

翱翔在云端，穿梭于机舱，为乘客们送上贴心的餐食与茶饮，用甜美笑容和热情服务让乘客们感到宾至如归，这就是刘娅娇的日常工作。第一次正式飞行定然是难忘的，时隔多年，她依然常常忆起那时既兴奋又紧张的心绪。

首飞前夜，她像个得到了期盼已久的礼物的孩子般手舞足蹈，欣喜不已。然而，在第二天一步步登上阶梯时，焦虑与紧张却止不住在心中翻涌。在她看来，此时脚下迈出的每一步，都像是当年在比赛场上用力击出的一记球。她不停地做着深呼吸，让心情慢慢平复下来，这是多年的比赛给她的经验。

空乘的职业经历赋予了她从容之心、关爱之心，以及以己度人之心。然而，出人意料的是，天生“爱冒险”的刘娅娇又一次改变了自己的人生轨迹，她选择走出舒适区，走下云端，走进高楼，迎接一段新的航程：成为光大银行的一名职员。

从营业部实习生到高端客户经理，一路摸爬滚打，颇为不易，而在她眼中，期间所有的勇气、自信、耐力和爱心，都来自往昔的磨砺。这一次的挑战，为她送上了一副盔甲，让她拥有了严谨与缜密，以及超强的抗压能力。

人生就像一场旅程，不长也不短，终点早已固定，但航线由你制定。如夏日之花般灿烂的刘娅娇，怀揣对生活的炽热之心，奔赴人生的旅程，而接下来的一站，便是流光溢彩的环球夫人舞台！

二
环球夫人：是磨炼，也是标杆

青衣一袭，纸伞一把，民国时期的上海女子甚是偏好旗袍装束。正所谓是春风十里都不及其美韵百一，旗袍将女子的清雅温婉表露无遗。

虽说时过境迁，但旗袍的美韵并未沉沦，而是出现在了 2018 年环球夫人深圳赛区的决赛场上。身着旗袍的夫人们好似从水墨丹青中走出的温婉娇人，玲珑有致、风华曼妙，而婉约大方的刘娅娇更是将这东方之美演绎得淋漓尽致，最终，她夺得了桂冠。

回想起与“环球夫人”的结缘，刘娅娇会心一笑，说那是一次美丽的意外。一次偶然的机会，她结识了 2017 年环球夫人深圳赛区的冠军夫人钱永静，并从钱夫人口中听说了“环球夫人”。“爱心、智慧、美丽、成就”八个字令刘娅娇心动不已，她毫不犹豫地报了名。

刘娅娇没有犹豫，但并不代表她没有认真思考过。她深知，赛场上的自信、优雅、温婉、动人，是背后那隐秘的艰苦卓绝所换来的，就像当年乒乓球赛场上的荣光一样，凝结着数不尽的汗水和泪水。

夫人中
总决赛亚军

赛前集训如期而至，每一位夫人都将面对的严苛训练，诸如被高跟鞋磨破后跟这种事，实属家常便饭。刘娅娇几乎把所有的时间都花在了练习上，基本上每天只睡5个小时，不是因为她不够好，而是因为她坚信，幸运只属于努力的人。正如她所言，桂冠不是幸运的象征，而是对努力与拼搏之人的加冕——她做到了。

在被问及参赛的最大感受时，刘娅娇郑重地答道，最大的收获不是荣获桂冠，而是更深入地了解到了“环球夫人”为女性带来的改变：让女性散发出独立自信的光芒。

环球夫人大赛不仅是一场气质与实力的角逐，更是已婚女性自我提升与进步的心灵旅程。刘娅娇深深地体会到：每一位女性都是一块璞玉，通过精心的打磨与雕琢，便能现出晶莹与无瑕；新时代女性的成长，不仅意味着美，更意味着独立思考和行动，意味着勇于挑战世俗的眼光。

渐渐地，舞台灯光淡去，是比赛就会有结束的时刻；但是刘娅娇知道，渐渐淡去的只是这一次的舞台，而更大的舞台，更辉煌灿烂的舞台就在人生的别处。在意识到这一点之后，刘娅娇更加坚定了自己心中的梦想：传播爱与希望。

三
美人如玉：内外兼修，自具芬芳

赛场上的刘娅娇，优雅勇敢，拔得头筹；舞台下的刘娅娇，成了香艺师和茶艺师。

因为父亲酷爱历史文化，所以娅娇从小就熟知众多历史典故，耳濡目染之下，便对传统文化产生了极大的兴趣。要说缘分这东西，的确是奇妙的，在一次朋友聚会上，她生平第一次接触到了茶具，自此便和茶艺结下了不解之缘。“不登高山，不知天之高也；不临深溪，不知地之厚也。”刘娅娇没有多想，踏上了学习茶艺的道路。

一方不大不小的天地，一只质地古朴的茶壶，一双纤纤细手在熟练地烫壶、温杯、置茶、高冲、刮沫、低斟、分茶……看着茶水缓缓而下落进茶杯狭小的空间，闻着逐渐蔓延屋内的淡淡的茶香，这是独属于娅娇的时光。“茶入水前，茶有味，水无味；茶入水后，茶无味，水有味，这就是茶对水的布施。”她是这么理解茶艺的。

如果说品茶让她心静如水，人淡如茶，那么品香则施与了她豁达与洒脱。在她看中，人们对香的偏好是与生俱来的，而香文化传递的则是一种与天地相融，超然物外的逍遥之情。

从品茶到品香，娅娇游弋在传统文化的河海里。她喜欢这种感觉，喜欢这种在经久不衰的传统文化中探寻至爱瑰宝的感觉，喜欢这种了解、学习、爱护并弘扬文化的感觉。

四
薪火相传：爱让生命充满力量

人生就是一场历练，一时的成就莫不是昙花一现，重要的是内外兼修、兼容并蓄，刘娅娇常常这样提醒自己。因此，无论是参加环球夫人大赛，还是学习茶艺与香艺，她始终不骄不躁、足履实地，力求超越。

不骄不躁、足履实地，并不是简单的事，在这背后隐秘着的，是家人的无限支持与陪伴。

刘娅娇有一位疼爱并支持自己的先生，从相识、相知，到如今已相守11载。在谈到对先生的最初印象时，她捂嘴笑说："身材高大魁梧，体格健硕，浓眉大眼，而且中气十足。"先生是一位虔诚的佛教徒，豁达且慈悲，平日里，既是娅娇的树洞，也是娅娇的解忧室。"他还是个热心肠，总说吃亏是福，为人为己。"娅娇补充说。

在娅娇心目中，先生是个热爱生活的艺术家。工作之余，他会带着妻女去工艺品

店和古玩市场淘一些有趣的物件回家。“我们家整个设计和装修都是他亲手做的，获得过亚太设计大奖。”娅娇眼中带笑，这大概就是幸福的模样吧，时光静好，相守至老。

当然，没有什么事会一帆风顺，娅娇坦言，一路走来，她与先生并不是没有争吵过。或许是因为原生家庭和成长环境的差异，他们对很多人与事都有着不同的看法。初为人妻时，娅娇一遇到问题就会不知所措，时而发火，时而冷战。这种情况一直持续到2014年。

2014年，“爱的纪念册”诞生了。

那一年，两人之间出现了嫌隙。娅娇猛然发现，无论是吵架还是冷战，其实都不能解决问题，她想和先生好好地沟通，又担心自己说话的语气与言辞会让先生误解，思忖良久后，她翻出一个小小的本子，在上面书写下了当下的心情，以及需要解决的问题。

“这是一种柔和的沟通方式，对于解决感情问题很有效，”她脸上浮现出淡淡的微笑，“我们给它取了个名字：爱的纪念册！它不仅能帮助我们解决问题，还能增进我们之间的感情。”

就这样，爱的纪念册见证了娅娇与先生的11年相知相守，还将见证他们未来的漫长岁月。如果说爱的纪念册给了娅娇身为人妻的智慧，那么女儿的诞生则让她

变得更加成熟与细腻了。

“Milk 是上天对我这辈子最丰厚的恩赐。”一说到女儿，娅娇的眼神中满是宠溺，言语间尽是温柔。她十岁的女儿小名叫牛奶，可爱活泼，聪明伶俐，虽然偶尔会有些小脾气，但十分孝顺。

娅娇回忆说，有一次，自己父亲生病住院，她带着女儿赶回了昆明，每天清晨，父亲还未起床，牛奶就早早地将外公的鞋子放到了门口，“她总是第一个跑过去搀扶外公，然后蹲下来替外公穿鞋”。十岁的女儿替自己尽了很多孝心，这让她感动不已。

“她让我更懂得奉献、坚持和爱，让我明白了什么叫感恩，尤其是对父母。”娅娇骄傲地说。每一天，她都能从女儿身上看到纯洁与美好的光芒，这让她对自己提出了更高的要求：努力变得更好。

因为女儿生来就患有鼻炎，而且症状迟迟得不到改善，加之先生也处于亚健康状态，所以娅娇决定学医。无数个通宵，无数本专业书籍，整整 6 年的时间，又一次将她送往了成功的彼岸：美国注册认证的营养师。

“其实我也是个‘斜杠’妈妈，在我看来，营养师是传播健康的使者。”她坦言，成为高级营养师，一开始只是出于个人需求，但在学习的过程中，自己渐渐爱上了这门科学，并将它视为新事业；更重要的是，引导人们关注健康、关注营养，是公益事业永恒的主题之一。

如果说人生是一次远航，那么“长风破浪会有时，直挂云帆济沧海”便是她的信仰，而每一次“风浪”都意味着一个更好的她即将出现。

未来，她将继续迎风前行，寻找更加空明宁静的景致。

她就是刘娅娇，来自彩云之南的凡尘精灵。

MRS. EAST

MRS.GLOBE
环球夫人

面对写满荣誉的过往，方英总会淡然一笑，或许是因为创业道路百转千回，早已对“荣誉”二字淡然无感，或许是心怀更大的目标，绝不敢停在过往的成绩上。

方英说自己最缺的就是“时间”，她的时间，留给自己的不多，分给家人的有限。她的时间，留给了自己两千多人的团队，为了更多家庭的幸福，她甘愿如此，这是她的事业，更是她的境界。

MRS.GLOBE

许我一生，还人间大爱

方英

一
人生何必设限

“一睁眼，两千多人的衣食住行就摆在眼前，不容我有半点儿闪失。”

“员工觉得我有很多面，有人觉得我很温和，有人觉得我很凶，他们都和我一路风雨走来，掉队的没几个人。”

“如果处在产业竞争的最底端，只能任人宰割，我们必须走向更高层次，这是企业的希望，也是我的每一位同事的希望。”

眼前的这位夫人，不是雍容华贵的贵妇，也不是不染凡尘的“森女”，她言语利落，从不拖泥带水，能用一句说完的话，绝不说两句，但她待人平等，毫无压迫感，如果不是掌管着巨大的餐饮集团，她很容易被认作邻家小妹。

她是方英，是南京巨百餐饮管理有限公司董事长，她的故事，要从中学时代说起。

滁州，地处安徽省最东部，苏皖交界之地，为南京的江北门户，隔江与南京主城遥望。滁州地灵人杰，历史上英才辈出，正所谓“吴风楚韵，气贯淮扬”。然而，20 世纪 90 年代初的某一天，正背着口袋和书包返校的方英，心里可没装着家乡深厚历史文化的优越感，她思考的是自己读高中还是中专，这将是两条截然不同的路，需要她做个决定。

她成绩优异，老师希望她读高中，将来考大学，可是，彼时的中国大地，改革开放发端不久，虽国力日益升腾，但对于普通人家来说，供孩子读大学，尚是难上加难的。看着劳累的父母，方英觉得自己不能再给他们增加压力了。

“嗯，就读中专，早点儿毕业工作，这些年家里供自己读书，已经捉襟见肘，我是家里老大，不能再这样了。”想好了，她握了握拳头，行走于山间小路上的脚步似乎也更坚定了。

就这样，方英读了中专，学的是酒店管理专业，毕业后，她如愿以偿，到了南京某饭店工作，从服务员做起。虽是小小的服务员，但饭店是响当当的国有企业，在当时看来也是一份好职业。

方英清楚记得，自己读中专的钱，是父亲向亲戚朋友借的，400元，看起来不多，却一直没还上。毕业后，她第一个月就发了500元的薪水，还了自己读书的钱，还有剩余，全家人高兴得不得了。

之后数年间，方英从服务员做到餐饮部经理，直至总经理助理，事业顺风顺水。自己前途光明，父母身体康健，似乎一切都实现了当初的设想，再完美不过。

可是，就在2002年，方英做了一个决定——离开服务的饭店，自己创业。那时候，放弃踏踏实实的稳定的而且小有成就的工作，特别是对于一个还未成家的年轻女性来说，不啻一个艰难的挑战。不是方英年轻气盛，更不是她草率而为，这些年，她接触了太多人，其中不乏高管精英等成功人士，这些人的经历让方英对人生有了不一样的想法，她觉得人活一世不该只困于一处天地，因为人生是永远都没有上限的。

于是，方英拿着6万元的积蓄，投资了高校食堂餐饮服务项目。可那段时间高校对学生伙食价格控制得很严，方英不仅没有盈利，还赔了十几万进去，血本无归。相比于理想，现实总是残酷。

好在方英做事认真，遇事又全力以赴，这让她给周围人都留下了极佳的印象，也为她带来了一些好运气。投资失败的第二年，方英痛定思痛，大胆改变服务模式，做精做细，提高服务水平，重新出发。就这样，方英逆风而行，靠着一股不服输的劲儿走出谷底，为自己的创业拼出了一个未来。

少年壮志满怀，即便是再苦再难也能一肩扛下。方英那时候全身心扑在事业上，熬夜、通宵、连轴转基本是常态，实在撑不住了就随便睡几个小时，然后继续工作。这种做法无疑是在透支自己的健康，但很多创业者初期都是如此，梦想的实现从来不是简单的"努力"二字就能概括，可最后回首看那段时光似乎也只能用"努力"来形容了。

"其实我现在还是很怀念自己那段拼事业的日子，虽然很累，甚至影响了自己的健康，但是我并不后悔。"方英用这一句话结束了她对创业时代的回忆——人生何必设限，不负自己，不后悔，便好。

二
护公司，守家庭

“创业难守业更难”，如今已是公司总经理的方英对这句话深有体会。创业时，她尚能凭一腔热情，天不怕地不怕地去闯荡打拼，即便亏损也只是自己一个人的事情，不会连累旁人；可当她创业成功，公司运营进入正轨，员工数量日益增加的时候，她要考虑的便不是自己一个人的得失，而是整个公司的成败，再不能像以前那样一股脑儿地向前冲，她必须要慢下来，稳住自己的脚步。

服务行业有一个普遍现象——基层员工流动性很大，餐饮行业也不例外。公司对于方英来说是创业的成果，她甘愿为其奉献，但对基层员工来说只是就业之处，他们天然没有坚守的责任。更何况，餐饮行业从业门槛相对较低，一线员工往往学历不高，他们的职业发展普遍扁平化，工作对他们而言就是赚钱，如果赚不到自己希望的薪水，离职便成了某种必然。方英自己也曾是打工者，所以对这个情况很是了解，何况这本就是人之常情。

方英深知，企业留住人才的方式是提供广阔的发展空间、有竞争力的薪水和良好的企业文化。一线员工由于工作性质的原因，薪水即使在行业中已经不低，但依然无法和其他行业相比；公司创建的时间不长，文化建设也远未成熟，无法给员工创造丰富的精神生活，从而增强凝聚力。

留不住人，公司怎么发展？这个问题曾经困扰方英很久。可对于创业者来说，遇山开路、见水搭桥早已成了家常便饭。在一次关于公司战略发展的漫长讨论后，方英做了一个大胆的决定——提高发展速度，扩大规模，从员工中提升优异者到新的岗位，增加岗位层级，通过有序扩张来完成布局，也给员工提供更好的职业机会。

这些举措说起来容易做起来难，方英耗费了极多的精力。公司承接负责老年人和中小学生的营养配餐的单子；配合国家政策，打造大型中央厨房；创办美食广场，等等。这一系列活动她都亲力亲为，不敢有任何懈怠、马虎。也许在外人看来，老板的生意越做越大，但又有几个人知道她为自己员工的发展殚精竭虑。

在具体实施中，若反响不错，她尚可欣慰；若是效果甚微，她也会有无力感和挫败感，这种时候，方英只能私下和先生、闺蜜小小吐槽一番，当作宣泄。

好在方英最终还是将这一难题攻克了，在经过几年的调整和发展后，公司已经可以为两千多人提供相应的就业岗位，让他们有一展所长的机会，在餐饮行业也打出了自己的名气。最近几年来，每每看到公司一线的年轻人成长为区域经理，每每听到他们独当一面的事迹，方英都异常欣慰。每到年会时，她听取各部门的总结汇报，看到员工渐渐融入公司，开始有了归属感，也能从自己的岗位上获得幸福感时，方英由衷地感到开心和自豪。

创业守业十数载间，在让数千人可以安居乐业、有所作为的同时，方英也有了自己的小家庭。她的先生是军人出身，深沉果敢，这和方英极为相似；也正是由于这个共同点，大多时候两人都能理解对方的想法，支持彼此的决定。

方英从商，私人时间自然少了些；先生从政，也有诸多事务要处理，两个人一忙起来都是神龙见首不见尾，难免要牺牲陪伴孩子的时间。无论孩子如何懂事乖巧，对于经常见不到父母这事总还是会有怨言。方英也知道自己在这一方面做得不好，因此只要不忙公事她都会待在家中，陪着家人，守着孩子，希望可以多多参与他的成长。

先生对自己要求严格，对儿子也是如此，基本是拿着部队标准来要求孩子。有时方英实在看不下去，便会帮着儿子“抗争”，母子俩配合默契，总会让先生无法招架，从而“取得胜利”。每当这时，母子俩便会露出得意的小表情，缴械投降的先生对此也只能是无奈地笑笑，毕竟一家人过日子讲情不讲理，总不能和家人斤斤计较。

如果有时间，方英也会精心为家人准备一桌饭菜，看着砂锅里炖的汤，方英会靠在墙上，算着火候。这时候名利场上的交际应酬、公司里要审核签字的文件、让人头疼的合作方案……都安安静静地自行离开了她的世界。方英心中宁静如小火熬煮的老汤，悠悠然地冒着热气，水泡一个个慢慢冒出来，起承转合，毫不仓促，香气扑面而来。

这是家的香气，闻起来让人有种无欲无求的满足感，好似此生都可以这样尘埃落定下来。

再做五年吧，等公司上市了，我也可以退休了，就像其他人那样喝喝茶聊聊天，轻轻松松地过以后的日子。方英有时也会这样想。

三
初衷未改，此心依旧

可惜方英是一个闲不下来的人，在人生的前四十年她都没有停止过奋斗的脚步，她从村庄走到了城市，那个小时候只能靠馒头咸菜果腹的女孩现在已在餐饮业占得一席之地，这样的成就是许多人终其一生也得不到的。然而就在所有人都认为她已功成名就，为之歆羡之时，方英又给大家带来了一出意想不到的戏码——报名参加了环球夫人大赛。

环球夫人大赛提供专属于全球已婚女性展示自我、服务社会的平台，旨在通过女性的影响带动力，改善家庭关系，促进社会和谐，加强社会正能量的传播。方英在商海中拼搏了那么久，那种成就感与疲惫感俱存的状态让她明白，自己需要“停一停，充充电”，了解到这些信息后，她知道这是一个好机会，想借此突破自己，同时也从其他参赛伙伴身上获得成长的感悟。

先生知道此事后，也大力支持她。在先生看来，方英平时忙于工作，将自己完全奉献给了事业，他希望方英可以在繁忙的工作之余，更多地关注自己、提升自己、完善自己。

家人的支持让方英更有底气，她积极配合大赛的训练，和其他夫人一起相互鼓励，相互督促，最终斩获中国赛区优雅组的亚军。

比赛也让方英收获颇多。以前，方英觉得拥有姣好的面容和完美的身材，再配上精致的服饰便是美人。如今，她对美有了更深刻的认识——外表之美固然可以吸

MRS. EAST CONTINENT
GLOBE

引大家一时的眼光，可若是没有内在的涵养做支撑，那人们很快就会把目光挪开。生活中的美往往是举手投足间不经意流露出的品德修养，这样的美让人心旷神怡，如沐春风；这样的人即便没有身着华服也会让人愿意为其驻足，想要与之交往。

对于时尚，方英也有了不同见解。曾经的她在挑选衣服时会有意识地选择一些

知名品牌，一来是因为它们价格昂贵，被很多人看为身份地位的象征；二来是她觉得那些品牌的衣服更好看，用一个流行的网络词语来形容的话，这就是她对品牌的“粉丝滤镜”。

现在，方英已经没了这些滤镜，于她而言，衣服只是衣服，挑选的标准只有一个——适不适合自己。

“时尚绝不是什么牌子，而是一种生活态度。”这是方英对于时尚的解释。在她看来，时尚并非一成不变的固定状态，而是随着每个人的年纪、经历改变的，所以人应该寻找一个最适合自己的状态，以此打造一个属于自己的造型，挑选适合的服饰，这才是时尚，才是人该有的生活态度。

时间对待世人是公平的，它从人们身上带走青春年华，还以人们成熟坚毅。从意气风发、敢与天公试比高的少年到而今迈过不惑之年，方英用了数十载时间打磨自己，她不断完善自我、修炼成长、化茧为蝶。她用自己的经历带动着身边的人，帮助众多弱势群体，鼓励更多女性独立自信，敢于展示自己的魅力。

方英并不觉得自己有多伟大，她只是在尽自己应尽职责，既然得到了社会的好资源，便该为社会做出一份贡献；既然成为环球夫人大赛亚军，便该传承“环球夫人”的理念，树立女性榜样、带领周围的女性同志树立正确三观，不妄自菲薄，亦不妄自尊大。这些事情她做得得心应手，她早已习惯奉献，无论是对自己的事业还是对环球夫人大赛，她都是如此，这一生或许她都不能像自己曾经想的那样轻轻松松悠闲度日，但是她并不后悔选择了这一份“忙碌”，她愿意将时间分给更多的人，初衷未改，此心依旧。

MRS. EAST ASIA

MRS.GLOBE
环球夫人

人生在世，应有所往；有些人忙忙碌碌，终其一生都未曾找到自己的目标；有些人小有成就便得意忘形，最后跌入泥潭；然而总有一些人目标清晰，知道自己想要为何，并为之努力，不以物喜不以己悲，始终坚定如一。张淼便是如此，宠辱不惊，闲看庭前花开花落；去留无意，漫随天外云卷云舒。

MRS.GLOBE

花开花落，闲看庭前

张淼

一

逍遥女孩成材路

天蓝风轻云悠悠，青石小路上，孩童们背着书包踩过路上小坑，溅了一脚水，但这丝毫未影响到他们放学回家的好心情，清脆的笑声和“叮铃叮铃”的自行车铃声穿彻小巷，路旁有老人坐在门口乘凉，大蒲扇一摇一晃间，是时光的流转，岁月悠然过，一代又一代人就这样长大。

张淼就是在这样的北京胡同里长大的。年幼时，她和小伙伴们穿过巷子，或是结伴徐行，或是追逐打闹，无忧无虑。张淼最喜欢秋日时节站在景山上俯瞰故宫全貌，彼时，故宫尚无今日这般多的游客，朱墙碧瓦映衬在天高云淡之下，静谧而庄严，明明阳光灿烂，她却能体会到一种说不出的冷静。

那个年代长大的孩子差不多都有一个共同的烦恼——爸妈嘴里总有一个“别人家的孩子”，家长们似乎习惯了拿自己孩子和其他人比较，美其名曰“取长补短”，然而在他们眼里自己孩子只有“短”，别家孩子全是“长”，于是到最后的“补”就全成了数落。听着小伙伴们的诉苦，小张淼曾无数次庆幸自己有一对极为开明的父母。

在她的记忆里，爸妈对她总是在鼓励：考试没考好，他们会柔声安慰她说：“没关系，下一次再努力些就好”；知道爸妈擅长舞蹈，她也心动，他们便鼓励她去学，给她报了兴趣班；学习上有了一点点进步，他们从来都是不吝夸奖……所以，诸如“你看别人家的孩子多好啊”“你怎么就比不上人呢”“你跟隔壁的孩子好好学学”

这类的话她从未听到过。

“我真的很感谢我爸妈对我的鼓励。”张淼笑说道，“其实我现在回想起来，可能我小的时候并不是很聪明的，各方面条件也不是很好的，但是在他们的鼓励之下，我总能感觉到自己在成长。每当我取得一个小小的成绩，他们都会给我掌声，给我赞许，这对我的影响挺大的。”

话虽如此，但是爸妈对她也不是没有“要求”的，他们希望女儿能有自己的小小目标。这是张淼长大之后才明白的事：在人生道路上的每一步前行，都少不了目标的指引。

儿时的那些小目标，或许是稚嫩的，或许带着些唯父母之命的无奈，但在张淼看来，它们却是无比清晰与执着的。“很多人都喜欢谈梦想、理想，却很少有人明白，梦想也好，理想也罢，落到生活的实处，就是目标。”

父母给予的爱和自由让张淼无忧无虑地长大，慢慢丢开了腼腆、自卑，成了一个自信阳光的女孩，踏进了大学校园。大一的时候，张淼积极参加各种活动，学习娱乐两不误，各方面的表现都很优秀。不过大学里的人来自五湖四海，各有千秋，人外有人，张淼很快就发现自己其实并没有想象中的优秀。但她并没有气馁，她知道，如果不够优秀，就继续学习充盈自己。她似乎很早便明白，骄躁是人生最大的敌人，而克制骄躁的利器便是那一颗平常心。于是，她平静地减少了一些社交活动，将更多的时间和精力分配到了学习之中。

读书破万卷后不一定会下笔如有神，但至少会让人愿意在这喧闹、聒噪的时代静下来。翻开一本书，阅读一段文字，或是经历一次难得的求知之旅，或是置身虚幻新鲜的他者世界，张淼徐行其间，用心感受冷暖悲辛，时间久了，她愈发有些看破与超脱，获得了超越她年龄的淡定从容。

走出大学校园，张淼从事的工作专门和资本打交道，于她看来，所谓的赚与赔，无非是银行账户上数字的变化而已，若太在乎，则会谨小慎微，处处受限，反而不自在，若是因为资产缩水而影响了生活状态，便更是得不偿失。于是，生活中的她总是优哉游哉，不为外事外物所累，逍遥自在。

二
从容获得，淡定失去

父母年轻时都曾经参加过文艺宣传队，上过台、表演过舞蹈，艺术功底扎实，家中的艺术氛围远超常人家庭。张淼自小也学习舞蹈，但她选择的学校、从事的行业和舞蹈全无关系。对此，张淼也给出了一个答案，“因为上大学之前的那几年我父亲开始做生意，所以他给我的影响就是以后一定要做生意，经商，学经济。于是，我报考了东北财经大学，学的是工商管理专业。”

上大学时期，张淼父母给了她一笔钱，以备不时之需。张淼觉得这笔钱放在银行里基本是没有收益的，实在有些浪费。于是，她便跟着学长们学着做股票投资，这一做便做到了现在。一个人，如果想要长期坚持一份工作、重复做一件相同的事情，其首要条件便是有一个清晰的目标。

在张淼的字典中，“目标”的释义是她自己书写的：希望自己在多长时间内，通过什么方式，在哪一方面达到何种水准。“或许，我们还可以将制定目标这件事说得更实在一些：往大了说，想要考入哪所大学，将来想从事什么样的工作，想要赚多少钱；往小了说，减肥也是一种目标。另外，无论是学习上的目标，还是工作上的目标，长期的目标还是短期的目标，都需要有清晰的标准，就拿减肥这件事来说，要在半年之内减多少斤？一个月减几斤？都是需要明确的。”

对于目标这个词，小时候的她并不太懂，然而现在的她，常常跟身边的朋友说，如果没有梦想，人生就是一场空谈，我们需要先知道自己想要什么，才能知道接下来应该走向哪里。

大学毕业后，张淼曾尝试过自己创业——开办公司，经营店铺，但是不算成功，她自己对此也兴致寥寥，所以最终还是选择了股票操盘，选择了一条风险无处不在的事业之路。很显然，这条路注定不会一帆风顺，她前期也遇到过各种问题，赚钱的时候很多，亏钱的时候也不少，最终能坚持下来，还是依赖于她自己内心深处坚定的目标和信心。知晓去处，便无所惧。

每天都盯着股票大盘，抓准每一个时机，做出相应的决定，操作股票买卖。操盘手的工作大抵如此，说起来似乎很简单，足不出户就可以完成，但事实上这是很耗人心神的一份工作，对工作者的影响也会体现在其生活和为人处世上。

金融行业，用网友的话来说就是“分分钟钟几百万上下”的工作。若想从事这类工作，必须要有稳定的心态和情绪，颇有几分“外物不可必”的架势。张淼在这一点上的变化很是明显，最初的时候她也会喜怒随心，可渐渐地，她变得冷静，很少生气或是被激怒。

对待事物，无论是开心之事还是悲伤之物，她的情绪和状态并不像普通人那样激烈、多变，大多数时候情绪平稳、波澜不惊。她知道欣喜、沮丧这些都是短暂的，并不会长久。“这一辈子总会遇到各种好的坏的，有的没的，可能一下子得到一大笔钱，又一下子千金散尽，说到底，只有保持一颗平常心，才能迎来真正的机遇，坐看云起时，静待花盛开。”

她的经验告诉她，在操盘过程中，任何一个情绪上的波动都会影响到接下来的动作和决定，很有可能会造成巨大损失，一个合格的操盘手必须要会控制自己的情绪。

MRS. EAST
GLOBE

而且在张淼看来，任何事情都是有方法的，哪怕只有一丝机会，也一定可以用这些方法去实现些什么。所以悲观没有用，过于乐观也没有用，想要获得成功，一定要坚守自己最正确的方法，保持学习的状态才行。

“学习是没有终点的，它理应镶嵌在人生的每一个阶段里。世界时时刻刻在变化着，新知识随时随地地涌现着。所以，没有全识万能之人，只有活到老学到老的人。”张淼理智地说。

做股票，需要机遇更需要技术，张淼便是一个技术派。她将自己的日常时间分成了三部分，其中一部分便是专门用于学习和看书。研究股票的人很多，自然也划分成了不同的技术派别。除了自己的这一派别的技术分析书籍之外，张淼还会看其他派别的理念和技术分析，博采众长，然后制定一套最适合自己的交易体系。

平时，她会让自己保持着一种学习和反思的状态，不断地调整、反复地验证自己的交易体系，提升业务水平。这样的工作方式使张淼在平常的生活中也保持着一份谦虚——她从不会盲目自信，只用事实说话，若是正确便坚持做下去；若是错误，便坦诚面对自己，找到解决方法，纠正错误思维，调整自己的行为。

作为操盘手中少见的女性，张淼并不会像某些男性从业者一样抱着赌博的心态

做事，她淡定自若，每一个决定都是经过了深思熟虑而才做的，没有一丝急躁、任性。股票操作看不到对手，基本是自己在和自己较量，很难得到棋逢对手的兴奋感和刺激，略显枯燥乏味。因此，张森养成了一种思维方式——只和自己比较，无须和别人攀比。

在工作中，她不断挑战着自己的技术和心态，稳步向前；在生活中，她做好自己的分内之事，若是不如人，便反思自己的行为和方法。她时常会进行复盘，判断自己是否将最重要的时间和精力放到了自己目前最重要的事情上，是否达到了自己所定下的要求和目标。

这样的性子也让张森的生活中很少有负能量，她不会费心于不好的事情，也不会提到一些负面的事情。她相信任何一个词、一句话、一种情绪都是有力量、有磁场的，所以遇到心烦之事，她会尽量给自己心理暗示，去想一些美好的事物，得到一个正向反馈。

三
心存善念，无愧于心

“参加环球夫人大赛是一个巧合。”张森对此直言不讳。当时，张森的一位朋友是北京赛区组委会的工作人员，在大赛海选初期，朋友觉得张森很适合这个比赛，便对她发出了邀请。

收到邀请后张森查询了与“环球夫人”大赛相关的资料、视频，了解到它是让已婚女性展示自己的魅力，通过举办活动来树立女性榜样、引领全社会树立正确的人生观、社会观、价值观，让每个女人都成为内外兼修、极具爱心与责任感的美丽女人。

张森之前从未参加过这类选美比赛，也没有任何走秀经验，她做的是金融投资，日常工作中，她妆容清爽，衣着干练，之后为人妻、为人母，更没有什么机会可以穿上华丽精致的礼服或是优雅迷人的旗袍。但是，爱美之心人皆有之，张森对此不免也有些遗憾。于是，在朋友的鼓励之下，她最终选择了报名参赛，勇敢走上舞台，无论最终比赛结果如何，至少可以在台上展现自己，弥补遗憾。

报名之后，张森虽不在乎名次，但对比赛却非常尊重，她享受过程，不在乎结果，心态上已经胜人一筹。从第一天起，她便积极配合指导老师的培训，对自己要求极为严格。上至走秀、台步、仪态、神情、动作，下到妆容的颜色、服装的佩饰，舞台表演中的每一个动作，甚至是在舞台上走动的每一步……这些细节张森从不马虎，更不懈怠，多年的工作经验让她早已习惯随时保持理性，有一个清醒的思维可以将事情做好规划、分毫析厘，然后在脑中迅速将事情过一遍，确保到每一细节都没有被她遗漏。

最初参赛的时候，大家的水平其实都差不多，但张森的习惯让她很快就超越了其他人，脱颖而出，拿下了北京赛区的民选冠军，成功晋级到全国总角色，最后顺利进入了全球总决赛，摘得“最美亚洲夫人”殊荣。

掌声、鲜花、荣誉，这些东西于张森来说不是生活必需品，但参加环球夫人大赛之后，她确实收获良多。接过奖杯的那一刻，她感受到了一种未曾有过的自信，她可以在家坐着，手指轻动，操纵股票；也可以傲立于舞台之上，昂首挺胸，绽放美丽。这样一个特别的经历让张森更有勇气去展现自己，她将自己的喜悦分享给身边人，帮助身边人建立信心；同时也收获到了别人的鼓励和支持，正向循环，所谓予人玫瑰，手有余香，大抵如此。大赛结束后，张森的朋友都觉得她有了很大的改变，若说以前的她是一朵将开未开的玫瑰，含苞待放，犹抱琵琶半遮面；现在的她便是盛开之姿，眼神自信，举止大方，笑容明媚。

以前张森接触最多的便是金融股票，每天看的也是经济新闻、时事政治，那时候她心里装下的只有大盘和家人；参加了“环球夫人”大赛后，她有了不一样的想法。她觉得生而为人，本就举世无双，无论自己是青春年少还是已有家庭，都有一份自己独一无二的美丽，她希望可以帮助一些人去发现自己的美，并且将其传播出去。“环球夫人”大赛给了她灵感，未来她也想借助一些平台举办相关的慈善活动或是用别的方式去传递正能量。

在这个熙熙攘攘的时代，她也许不能改变所有的想法，但是她愿意去承担一份责任，尽全力去做自己认为该做的事情，只要有人需要，她便会主动提供帮助；至于别人对她是如何评价，便不在她在意的范围之内了。因为她知道，心存善念，都是花开次第前的春风，不可少，少不得；因而此生所求，不过“无愧于心”四字罢了。

树有年轮可数，人有轨迹可循。

刘蕙菀从自卑走向自信，由自立走向自强，无论一路怎样的磕磕绊绊，她不甘蹉跎，不忘初心，勇往直前，终于华丽转身！

MRS.GLOBE

一位邻家女孩的华丽转身

刘蕙菀

一
优秀究竟是什么

刘校长，您家孩子那么优秀，是怎么教育出来的?

刘校长，孩子没兴趣读书，分数提不起来，怎么办?

我儿子在学校打架，老师三天两头儿地把我们家长叫去批评，往后可怎么办?

刘校长，我儿子经常玩手机、上网玩游戏，作业拖拉，成绩差，怎么办?

……

每天，刘蕙菀都会在办公室接待家长，他们的苦恼具有某些共性。她非常理解家长的心情，他们重视教育，希望孩子成才，可她有时候她会反问家长们：你们在做什么。

往往被问到这句话，家长们便哑口无言，因为他们知道，平时光顾着创造财富，用在孩子身上的时间和精力实在太少了。

一语点醒梦中人。

刘校长的话虽然温和，但分量不轻，不少家长听了之后很受触动。有些人一改旧习，每天抽出时间陪伴孩子学习、玩耍，孩子的状态大为改观，成绩更是提高了不少。为此，有些家长还给刘校长送礼物道谢，刘蕙菀婉言谢绝。她知道，教育是用一颗灵魂影响另一颗灵魂，仅仅给孩子补课完全不够，她首先要给孩子家长补课。

“中国父母最大的问题在于，自己不改变，却让孩子改变，自己不去思考教育，却把教育留给了教育机构。但其实家庭才是教育孩子的第一课堂。”

刘蕙菀从不隐晦自己对目前家庭教育的忧虑——父母在创造物质财富上用功太深，但在丰富家庭精神财富上用力太少。

作为教育者，她没有单一地把培训学校定位为提分机构，在为广大学子求学之路保驾护航时，更注重去挖掘孩子内心的诉求，找到学生成绩不好或者在学校不乖的原因，并与家长沟通相关信息，通过这样的方式，真正找到问题的症结，并且着手改变。

“在创办学校的过程中，我无数次接到家长咨询的同样一个问题：怎样才能使自己的孩子更优秀。”刘蕙菀坦言，其实这个问题是没有答案的。在她看来，优秀不是个静止的词，而是一条流动的河；优秀不是简单的成绩好，而是孩子有独立的思考力、合理的自我约束力和自我学习的能力。往往这些名词听起来假大空，却是一个人将来成才的核心支撑。

刘蕙菀的心得并不是在大学中学了教育学或者教育心理学什么的，是她自己在培养孩子的过程中慢慢体会到的，而她的职业也不是教师，更不是校长，曾经的她只是一名全职妈妈。

2001年，儿子6岁，正式背起书包上学，那时的刘蕙菀全心投入在家庭中，和天下的父母一样，她一心想把儿子培养成才。为了教导儿子，她拿起已经生疏的书本，到书店看幼儿读物、小学读物、初中课本……她仿佛随着孩子的成长又对自己进行了一次再教育，只是，这一次她是讲解者、传授者，她在探索孩子的接受方式和能力，以最优的方式去呈现。

这些还不够，她甚至找来教育心理学自学……就这样，日子虽然简单平淡，却丰满充实，刘蕙菀白天接送孩子，放学辅导功课，夜里挑灯记录生活点滴……一分耕耘一分收获，儿子的学习成绩一直名列前茅，在写作方面尤其明显。从小到大，他获得的各类作文比赛的奖项，可以铺满一面墙。

孩子优秀当然受人关注，其他家长纷纷向刘蕙菀讨教，想知道她做孩子教育的经验，刘蕙菀倾囊相授，有问必答。慢慢地，她的实践经验、真诚为人和热心坦诚赢得了家长们的信任，他们纷纷把孩子送到她家来补课，这是家教课堂的雏形——这也是刘蕙菀事业的起点。

二 要有志气：一家人的奋斗史

浙江，丽水，景宁。

景宁畲族自治县地处浙江省西南部，洞宫山脉中段。那里自然景观优美、民风朴实，所特产的惠明茶在明朝时被列为贡品，声名远播。

然而，在二十世纪六七十年代，景宁因为地处山区，交通不便，山清水秀无非是贫穷落后的代名词。

我们将时间回调到二十世纪八十年代，11 岁的刘蕙菀正坐在房门旁纳鞋底。

房檐遮住了阳光，划出一条明暗分明的界限。在阴凉中，她手指轻巧地上下翻飞，不一会儿便推进了一大截。身旁的小狗时不时来捣乱，刘蕙菀也顾不上那么多，专心做着手里的活计。

除了纳鞋底，刘蕙菀还会绣花，其他如做饭炒菜什么的更不在话下，这是那个年代中国女生的必修课。

此时，奶奶正在生火做饭，抬头看了眼她的背影，很是欣慰。奶奶觉得孙女长大了，懂事了，心灵手巧，将来一定能嫁个好人家。

刘蕙菀是家里的大女儿，她还有一个妹妹和三个弟弟。母亲照顾家庭，忙于农事，父亲常年奔波在外，打工赚钱养家。用她自己的话说：这个家地位卑微，穷困潦倒。

然而，这一家人都有志气。

刘蕙菀的童年时光是幸福的。在奶奶身边，她很乖，女生该学的手艺奶奶都教了，她一学就会。奶奶出生在民国时期，儿时被裹了小脚，弓着的脚背让人看着心疼，走起路来也显得有点儿吃力。虽然不能识文断字，但奶奶懂得仁义礼信，常常教刘蕙菀做人。小时候，祖孙到亲戚家做客，如果碗里有两个鸡蛋，奶奶告诉小蕙菀不能都吃掉，要吃一个留一个，这是做人的礼数。那时物资匮乏，小蕙菀其实很想把两个鸡蛋全吃掉，但她听奶奶的话，只吃一个。

“我很小的时候，奶奶就告诉我做人的道理，教会我妇道，很多话，到今天我都犹然在耳。”这段祖孙情，是刘蕙菀儿时最美的记忆。

除了奶奶，刘蕙菀也感谢自己的父母，即使再贫苦，他们依旧选择了让孩子读书，走出那方山水。

为了供五个孩子读书，爸爸不惜向亲戚借钱。但借钱总要还，爸爸必须加倍工作。有段时间，父亲都在四处奔波赚钱供孩子们上学。妈妈除了照顾家里的日常生活，还要下田种地、养猪、砍柴……在刘蕙菀的记忆里，无论春夏秋冬，妈妈的额头上总是挂满汗珠。

那时，同乡们都不理解刘家人的想法，不少人都认为读书没用，早点让孩子做工赚钱才对。

但刘家的父母不这么想，他们知道，做人要有志气，只有读书才能走出去，只有读书才能改变这个穷苦家庭的命运。于是，小学、初中、高中……爸爸妈妈没有让自己的孩子因为贫穷而辍学，他们甚至千方百计让孩子们进最好的学校，接受最好的教育。这样的情况在当时的中国农村并不多见。

就这样，数年劳作，子女们长大了，父母也渐渐衰老。

他们为这个家付出太多的辛劳，却忘了健康，终于积劳成疾，病痛缠身。但父母总把疼痛埋在心底，把笑容留给孩子们。刘蕙菀看在眼里，痛在心里。她下定决心，绝不能再给家里添负担了，她要回报这个家。

1992年,也就是刘蕙菀高中毕业那年,为了减轻父母负担,她没再选择去读大学,而是到镇上的中学代课，用微薄的工资补贴家用。三年后，刘蕙菀更是不顾父母反对，把自己匆忙嫁了出去。

俗话说：穷人的孩子早当家。

其实，刘蕙菀当时虽然嫁了出去，但并没有做好当家的准备。

她和丈夫到温州找出路，住在婆婆家。婆婆待自己不错，但毕竟背井离乡，刘蕙菀的日子不好过。

初到温州，人生地不熟，但这没有让刘蕙菀退缩。她四处应聘求职，做过化妆品推销员、餐馆服务员，甚至卖过服装，丈夫也忙着自己的事。夫妻生活的开始，似乎没那么顺利。

原本以为会越来越好的日子迟迟不来，生活的重压让人喘不过气。刘蕙菀迷惘、焦虑，她曾无数次遥望远处的山，仰问天上的云：路在何方？明天在哪里？

终于，山重水复，柳暗花明。

1996年冬天，儿子降生，刘蕙菀看到了新的希望。

为母则刚，是一点儿都不错的。

随着小生命的到来，刘蕙菀不再犹豫，不再焦虑，她暗下决心，会像父母对待自己一样对待儿子，好好教育他，让他长大成才。这希望、这喜悦、这决心，仿佛前路的号角，刘蕙菀的生活从此改变了。而在她看来，这一切仿佛都是前世约好的。

三
以梦为马，做最擅长的事

刘蕙菀教子有方，在学校里出了名，于是，前来请教的家长便多了起来。有些家长甚至要花钱把孩子送到刘蕙菀家里，她谢绝了钱财，但是领走了孩子。

刚开始不收任何费用，完全是义务之举。随着送来的学生越来越多，15 平方米的房间已经容不下莘莘学子的渴望——刘蕙菀需要更大的教育场所，更完善的教育设施和更强大的师资力量。

于是，春风化雨，梦想飞扬，创办家教事业的念头应运而生。这是她从未涉足的领域，也是一次自我挑战。

2003 年，刘蕙菀的家教事业像泥土下的春笋，虽不见阳光，却在黑暗中蔚然生长。虽然创业艰难，但人有气在，她知难而进，靠的就是自立、自强。

当时，先生在国外打拼，家里没人帮得上忙。累了一天，刘蕙菀心力交瘁，儿子在床上睡觉，她就旁边抹眼泪。她是个爱哭的女人，有时候，肩上的担子过重，她会哭。但这种哭不是懦弱，而是女人的另一种坚强。

每每哭过之后，她便一身轻松，擦干眼泪继续往前走！

刘蕙菀说："眼泪是一种释放压力的武器，当你无法承受压力的时候就痛痛快快哭一场。不要硬撑，不要强忍，顺其自然最好。"

2006 年，她注册创办温州理想教育信息咨询有限公司，自己任校长，终于做了自己最擅长的事。她把自己的事业比作划向理想彼岸的一只小船，虽然前程未卜，但情愿去历经风浪。而她又是一个自信又要强的水手，每一桨都划得竭尽全力。

事业一路走来都很顺，除了 2009 年的一次意外。

那年的一天傍晚，她外出办事被车撞了，小腿粉碎性骨折。医生说要在家静躺，六个月后再下地走路。

刘蕙菀当时整个人都崩溃了。儿子需要照顾、学校的学生们等着上课、学校教务工作等着管理……在床上，她电话从不离手，随时准备处理工作，可即使这样，好多事还是出了问题。

难受时，她给爸爸打电话，一次电话便是一次哭诉。她最难忘的是有次爸爸和她说：“现在苦点没关系，你还年轻，咬着牙熬过去就会好起来。”

刘蕙菀回忆着当时的情景，眼圈通红。父亲那句慰藉心灵的话，陪着她渡过一道又一道难关，熬过凛冽的冬寒，迎来明媚的春光。

终于熬过了漫长的半年，她可以下床了。但事业的发展不允许她休息，或者坐轮椅，或者拄双拐，她忙于处理学校的各种事务。直到最后扔掉双拐重新站起来，她脑子里只有一句话：坚强，是人生道路上永不背叛的朋友！

2014 年，儿子考上大学，随后先生也从国外回来，两个人一起开创家教事业的新天地。两喜相逢，春风得意。

四
凤舞新天，耀眼环球

做教育的人，最大的工作就是不断自我提升，刘蕙菀深谙此道。

一次偶然的机会，她参加了一次雅学的讲座，主题是“怎样做一个优雅的女人”。

原本以为只是商业性演说，但授课嘉宾有两句话让她印象深刻：“要让孩子生活在阳光下，妈妈先要把自己修炼成一颗太阳”；“只有优秀的妈妈，才会有更优秀的孩子”。这些话，仿佛印证了自己从开始做妈妈以来的生命轨迹。

寻根溯源，想把自己的孩子培养得更优秀，那就先让自己优秀起来。于是，除了做校长，管理家教事业的日常业务，刘蕙菀又开启了自我提升。

她为了锻炼胆量和自信，经常有意识参加一些带有竞争性质的活动，站在舞台上，她不怕被人比下去，不管输赢，都有收获。最重要的是，她从参赛者身上看到了自己的精神寄托。

2018 年，参加环球夫人大赛，获得温州赛区民选冠军称号。同年，参加北京全国大赛，在水立方的舞台上一展芳华，获得最亲和夫人大奖。

环球夫人提倡的女性走出家庭，自立自强，以女性的方式回报社会，奉献爱与美，这和刘蕙菀的人生轨迹完全吻合，而通过环球夫人的舞台，她更加懂得优雅和优秀的真谛。

树有年轮可数，人有轨迹可循。

24岁那年，刘蕙菀背负着父母亲沉甸甸的期盼，怀着改变命运的向往走出大山，走进陌生的城市。她经历磨难，不向命运低头，从自卑走向自信，由自立走向自强，无论一路怎样的磕磕绊绊，她不甘蹉跎，不忘初心，勇往直前，终于赢得引人注目的华丽转身！这正是环球夫人的精神完美写照。

2018
第二十二届
环球夫人

“古语云：成百里者半九十……”教室里，一个清脆嘹亮的声音正在朗读着作文，老师靠在黑板旁的窗前，阳光从她背后洒下，拖下长长的影子。她一边听着朗读，一边不住地点头。教室里其他同学鸦雀无声，认真地听着，有的还不时在本子上画上几笔，仿佛是要把听到的好句子记下来。

朗读的那位同学，名叫邵莲萍。她个子高挑，面容姣好，神态自若，长长的马尾辫垂在背上，随着诵读有节奏地起伏着。此刻的她，注意不到同学们投来的欣羡目光，而是专注于自己的“作品”之中。高中时代，邵莲萍因为文笔好、写作认真、功底不错，70% 的作文都能被老师选出来作为范文在班上朗读给其他同学听，这样的语文课场景，邵莲萍已经记不清出现了多少次。

这一次，场景出现在梦里。是夜，她仿佛重回那个青葱的年代，觅寻诗情画意的自己，告诉那个朗诵文章的自己：这一路很好，我把你活成了诗。

邵莲萍

把自己活成一首诗

MRS.GLOBE

一

人，诗意地栖居

高三的一天，邵莲萍和往常一样，中午放学后，骑着单车回家吃饭。还没到家，她老远就看到很多人围在她家门口，人群中停着一辆警车，此刻，父亲正被警察带上车，警车启动后疾驰而去，渐渐远离了邵莲萍的视线。

父亲是温州当地的建筑公司监理及承包工头，为人古道热肠，亲戚、朋友要是有个难处，父亲总会慷慨相助，邵莲萍记得，小时候，家里经常会出现形形色色的客人：请父亲帮忙办事的、找工作的、借钱的，不一而足。

看到这一幕，邵莲萍飞也似的跑进院子，只见妈妈面无表情地站在院中央，看着警车驶离的方向。

邵莲萍拉着妈妈问怎么了，妈妈只应承了一句话："刮台风、发洪水，你爸爸负责的工地建材被淹了，损失很大，现在被人起诉了。"

邵莲萍那时候还无法理解起诉为什么就要抓人，她更没想到，自己的人生轨迹在从那一天起发生了改变。

没管家门口的人，也不在乎七嘴八舌的议论，母亲把邵莲萍拉进屋，像往常一样，招呼着女儿吃饭，仿佛什么都没发生过。

再到后来，官司宣判了，父亲被判管理失职，要赔偿工地上损失的建材费。这对当时的一个小康家庭来说，不啻是灭顶之灾。

这场官司赔光了家里所有的钱，曾经受过父亲恩惠的人，能避开的尽量避开了，

“那段时间，我真的体会到了人情冷暖的含义。”因为家里拮据，邵莲萍不忍心再增加父母亲的负担，她下决心离开她所热爱的校园和课堂，离开她挚爱的同学，提前走向社会。

月有阴晴圆缺，此事古难全。

邵莲萍没有消沉，如果生活是首诗，她将这场家庭变故看作逗点，并没有停止她的书写。

刚刚成年的她入职了家乡温州的一家女装公司，很快，老板发现了她的特长——喜欢设计、眼光独到，审美能力强。于是，邵莲萍很快就晋升为设计师，开启了自己的服装设计生涯。她聪明刻苦，边做边学，慢慢地，开始在当地小有名气了。后来，邵莲萍转型到男装设计领域，加盟到一家男装公司。

如今，邵莲萍是资深设计师，同时也经营着一家拥有400名员工的服装厂。虽然日常工作繁忙，但她依旧不忘诗意。她的办公室里，现代化的办公设备与田园般的景观设计交相辉映，雅趣横生。来了客户或者朋友，几盏清茶招待，谈笑间便沟通了业务。

“做设计，必须慢下来，只有慢下来，才能发现美。另外，平日里下的功夫也很重要，就像作诗的两种状态，有的人‘两句三年得’，有的人‘妙手偶得之’。”

邵莲萍把自己的生活态度很大程度上归结为家乡的水土和小时候的成长经历。她出生在温州古镇瑶溪，那里山清水碧、钟灵毓秀，素有“溪石皆玉色”和“桃源仙境”

之美誉。瑶溪的水土滋养了当地的人们，“家乡人很美、很勤劳，而且他们懂得如何去面对生活的境遇，都很超然。”想来，邵莲萍的淡雅超脱，是受家乡影响。

自小，邵莲萍就聪明、漂亮、善解人意，她也足够幸运，因为在她人生成长的每一个阶段，都有良师益友鼓励、指引。小学时，她就得到老师和校长的特别钟爱，任何学校里的文艺表演、体育比赛，她都会是第一人选。如果区里、市里举办大型团体操演出什么的，站在最高台指挥的也是她。

“那时候，我锻炼了我的潜能，塑造了我的自信，也让我体会到了被人注目的感觉和荣耀。”谈及此，邵莲萍尽是感恩。

邵莲萍喜欢跳舞、运动、画画，到了中学，她在校学生会担任文艺部部长，参与组织各种活动，忙得不亦乐乎。她最感谢初中班主任郑老师，郑老师教授语文，邵莲萍的每篇作文，她都会点评、指导，这成了邵莲萍文学修养和人生修养的启蒙。

生活，时而晴空万里，时而雨落惊风，只有心怀美好，才能发现诗意，只有从容淡定，才会落棋无悔。邵莲萍，恰如是也。

二
问渠哪得清如许，为有源头活水来

很多人经常在思考生活和事业的意义，这在邵莲萍看来非常容易作答，那便是“家庭”，家庭是启航号角，也是休憩港湾，每个人的性格很大程度上源自家庭和成长经历，每个人最终也会在家庭中获得爱与善的力量。

邵莲萍并没有陷在家庭的变故中无法自拔，而是自立、自强，轻装上路，这要感谢她母亲。

“我母亲热情率真、积极乐观，她很好学，还有点儿小泼辣。”邵莲萍喜欢母亲的性格，“她是那种特别爱美、特别时尚、对自己要求很高的女性。她向往的美好生活，都会努力去追求和实现。”

邵莲萍坦言：在家里最灰暗的时刻，母亲就像一束光，照着家人向前走，一家人虽然有些落寞，但从未绝望过。

家里从小康回到清贫，难免有人说三道四，母亲不喜欢被人指指点点，干脆做了个决定：从乡下搬到温州市区，躲开无聊的议论。说干就干，她把结婚这么多年来积攒的压箱底的钱都拿了出来，在市区买了房、安了家，于是，邵莲萍一家走进城市，看到了另一番光景。

印象中，邵莲萍没有听过母亲任何抱怨父亲的话，她把过去放下得那么从容自如，如今，她明白：母亲是活在未来的人，她不纠结过去。而这种潜意识里的传承，也成为邵莲萍最宝贵的品质。

邵莲萍的父亲是那种温文尔雅的男性代表，很少发脾气，从不责骂孩子及家人，更别说打孩子了。在邵莲萍心目中，她家是“慈父严母”——母亲的严格教诲和严格要求，让他们成长得很优秀、很自律、很有修养，父亲的仁慈和胸怀，给了这个家很多精神抚慰。

后来，父亲也从消沉中走出来，启动了他的室内装修工程承包事业，一切都慢慢好起来。

而当邵莲萍谈及先生的家庭时，总有些泪光闪闪，她欣赏先生的努力，也感慨他年少时的际遇，而先生的刻苦执着一直以来更是深深吸引着她。

进入男装公司的她，不知从什么时候开始，注意到身为技术总监的他每天都穿着的一双棕色的磨砂皮鞋，虽然干净，但鞋子前端已经破了洞，大脚趾露在外面，她很纳闷，总监级的人为什么会如此简朴。

彼此逐渐了解之后，她才得知他来自广西的大山里，靠着苦学考到了浙江丝绸工学院（浙江理工大学的前身），毕业工作了一段时间后，结识了校友兼这家企业的老总，被聘任为技术总监。

他是家中老大，因为资源少、子女多，家中生活拮据。儿时的他，一边上学，一边分担家务，同时，还要在当地的工社赚工分——放牛、喂猪。

因为家里穷，很少能吃到肉，看着弟弟妹妹和父亲都瘦瘦的，他在心底里发誓，一定要改变命运，考到山外面，考到好学校，找份好工作，让全家人过上好日子。

的确，他不负众望，中考以全县第一名的成绩考到南宁市很有名的高中——武鸣高中。高中那几年是他的人生转折点，除了学习以外，他所有的时间都放在体能锻炼上，他加入了学校的游泳水球队，参加了南宁市青年游泳比赛，取得了优异的成绩。也因这般坚持，他的身体强健了很多，与此同时，他也刻苦学习，最终，他考入浙江丝绸工学院，圆了大学梦。

大学期间，他和同学一起自谋生计，设计广告牌、艺术字、灯箱，等等，不胜枚举。毕业后，他被直接分配到宁波杉杉集团工作，成绩斐然。之后，他来到温州，加盟校友的企业，遇到邵莲萍，成就一段美好姻缘。

邵莲萍尊重每个家庭的历史，更坚信自身的打拼，她把家庭作为事业的起点和终点，汲取能量和动力，获得满足与成就，是为人女、为人妻、为人母的最好呈现，她不是烦劳的全职主妇，更不是冰冷无趣的职场人，家庭和事业，于她而言绝非对立，而是和谐共生。

三
感恩既往，善待当下

邵莲萍很幸福，事业成功，家庭和睦，而三个女儿更是给她和先生带来了无尽的喜悦。

当初，有如天造地设一般，时任公司技术总监的先生同其他公司领导给自己机会去实现职业梦想，并逐渐成为国内男装设计界的佼佼者。但邵莲萍和先生知道，若没有那段辛劳的岁月，不会有佳偶天成，更不会有如今的美好一家。

加盟新公司，邵莲萍一切从头开始，其他人放假出去玩，她在办公室加班；别人下班了回去休息，她照样在车间里钻研。她用常人几分之一的时间，快速熟悉和掌握了男装生产的流程、工艺和技术，令领导和同事刮目相看。在这些加班奋斗的日子里，邵莲萍发现，自己并不孤单，经常留在工厂里学习的人当中，一定还有一个身影，那就是面试自己的技术总监。而她更没想到，这位把自己招聘到公司的人，后来成了自己的先生。

至今，邵莲萍依然记得和第一次见面的情形。

当天，她去应聘，面试她的老师是一位健硕、干练的年轻人，戴着一副黑框眼镜，一看就是那种读过书，受过高等教育的人。

邵莲萍的面试环节很顺利，成功入职，她后来知道，面试自己的另外两个人是企业创始人，而戴黑框眼镜的青年是技术总监。

两个星球走到一起，需要千万年，两颗心走到一起，只需要一个决定——认识几年后，他们彼此欣赏，情愫渐浓，共同决定：余生相伴，不离不弃。

几个女儿的先后降临，让这个小家庭热闹起来，也让邵莲萍平添了为人母的骄傲与自豪，母女四人的合照，永远是这个家最美的风景。

大女儿圆圆，和邵莲萍一样独立、聪明，“她身上有着我当年的影子：拼、好学、对服装特别敏感，有悟性。”因为善良、勤奋，圆圆在工作中得到了同事及前辈的帮助和提拔，表现突出，已经获评公司十大杰出青年荣誉。

二女儿豆豆，漂亮、可爱、聪明，喜欢唱歌和画画。因为邵莲萍和先生的工作原因，豆豆辗转北京、上海和温州的学校之间，但成绩一直很优秀，特别是画画，一直没有放弃。如今，她就读于拥有美术专业班的越秀中学，并且给自己确定了大学目标——中央美术学院。

小女儿丁丁，出生在北京，逢人便说自己是北京人。丁丁长得像爸爸，眼睛特别大、特别亮、苹果脸，特别可爱。丁丁很有个性，小小年纪便很有主见，时间观

念很强。和两个姐姐一样，她也擅长画画，对比例、线条、色彩等拿捏准确。

未来，邵莲萍打算开设一间有品位的美术工作室，专门做高级定制和时尚设计，一家人一同做些事，其乐融融。

家是港湾，是心灵的归宿，此话人尽皆知。可像邵莲萍一样的人生和家庭，却未必人人经历。她和先生，没有埋怨所谓的原生家庭，而是迎接阳光，不甘堕落、不向命运低头，这是一家人的精气神，这也是中国人的伟大之处。

2018年，邵莲萍结缘环球夫人赛事，进入温州赛区决赛，荣获“最美微笑夫人”，站在舞台那一刹那，她忽然想起那个在课堂上读作文的自己，自信、优雅、知性、美丽……之后，她参加全国总决赛，获评优秀夫人，在水立方，她感慨自己散发出的气场、忘我和自信……

千锤百炼，过尽千帆，以依然柔软的心抚慰挫折、伤害，出走多年，恰如少年，这是邵莲萍全身俗世的妙法，正如她自己所写：

用爱在岁月中修行，
让心在辗转中安然，
即便昨天的故事，
在心中成为断点，
明天的路，
我依然会用明媚演绎精彩，
把自己活成一首诗。

图书在版编目（CIP）数据

我们是环球夫人. 第一季 / 《我们是环球夫人》系列丛书编委会编著. -- 武汉：长江文艺出版社，2020.12
ISBN 978-7-5702-1509-6

Ⅰ. ①我… Ⅱ. ①我… Ⅲ. ①女性－生平事迹－世界－现代 Ⅳ. ① K818.5

中国版本图书馆 CIP 数据核字 (2020) 第 065525 号

责任编辑：孙　琳　　　　责任校对：毛　娟
责任印制：邱　莉　杨　帆　　　　装帧设计：@ 设计装帧粉粉猫

出版：长江出版传媒 | 长江文艺出版社
地址：武汉市雄楚大街 268 号　　邮编：430070
发行：长江文艺出版社
http://www.cjlap.com
印刷：武汉市金港彩印有限公司

开本：787 毫米 ×1092 毫米　1/16　印张：16.75　插页：4 页
版次：2020 年 12 月第 1 版　　2020 年 12 月第 1 次印刷
字数：183 千字

定价：188.00 元